정부의 코로나 19 대응 정책 분석

장석진, 박정민 지음

초아출판사

저자 소개

장석진

한국외국어대학교 정치외교학과를 졸업하고 미국 위스콘신 주립대학교에서 MBA 석사학위를 받았으며 삼성전자 모바일 사업부에서 해외 마케팅 및 사업계획 등의 업무로 16년 동안 근무했다. 이후 울산대학교 경영학 박사 학위를 취득하였으며 현재는 경기대학교 인문, 경영학 교수로 재임 중이며 2019년 이후부터 경기대학교 빅데이터 센터장과 교원 창업을 통해 빅데이터 및 AI 관련 업무를 진행 해오고 있다. 경기대학교 빅데이터 센터장을 역임하면서 진행해온 연구 분야 및 주요 프로젝트는 KT 통신 데이터 플랫폼 산하 배달 데이터 센터 수립과 중소기업들이 데이터 활용과 확대를 위한 정부 주도의 데이터 바우처 사업 및 AI 바우처 사업 등이 있다. 주요 논문으로는 기업과 혁신연구, 무역연구 등에 게재한 논문들이 있으며, 공저로는 <청년들이여! 오아시스는 있다>가 있다.

박정민

연세대학교 경영학과를 졸업했으며 미국 워싱턴대학교에서 경영학 석사학위를 받았고 연세대학교에서 경영학 박사학위를 취득했다. 삼성전자에서 국제마케팅 및 국제금융 업무를 수행하였으며, 한국인터넷진흥원에서 국제기구 및 글로벌마케팅 업무를 담당했다. 현재 울산대학교 경영학부 국제경영학 전공 교수로 재직 중이다. 주요 연구 분야는 한국기업의 국제화, 국제 인수합병, 해외자회사의 역할, 현지화전략 등이 있으며, 국제경영 관련 많은 연구들을 진행하였다. 그 결과 국제적 수준의 유수 학술지들에 다수의 논문을 게재하였고, 주요 저서와 역서로는 〈초국적 경영〉, 〈글로벌 전략〉, 〈추격전략 2.0〉, <국경 없는 경영: 초국적 솔루션> 등이 있다.

서문

코로나 19 이후 전세계인들의 행동이 위축되고 각국 정부에서는 감염병 확산을 방지하기 위한 다양한 정책들을 시행하였다. 대표적으로는 '사회적 거리두기', '마스크쓰기', '국민재난지원금', '학교/직장폐쇄', '지역이동제한' 등이 있다, 이러한 정책들은 국가 상황에 따라 여러 가지 정책들이 동시에 시행되기도 하였다. 이에 국민들의 경제활동은 비대면 소비형태로 변화되면서 외식사업에 심각한 타격을 초래하였고, 감염병의 대유행으로 식생활 패턴의 변화, 그리고 외식사업은 배달음식업을 중심으로 개편되었다. 이에 해외에서는 코로나 19에 대한 정부대응책의 효과, 코로나 19가 국민의 식생활에 미친 영향 등에 관한 연구들이 급속도로 이루어졌지만, 국내에서는 동일한 이슈에 관한 연구가 거의 전혀 없는 상태이다.

본 연구의 목적은 코로나 19 전후 정부대응책에 대한 인식, 식생활패턴의 변화, 그리고 정부대응책에 따른 배달음식추세의 변화 등을 실증적으로 검증하고자 하였다. 연구의 방법은 먼저 코로나 19 전후 정부대응책과 식생활변화의 관계를 분석하기 위하여 수도권에 거주하는 국민을 대상으로 설문조사를 실시하여 가설검증을 위하여 카이제곱 분석을 하였으며, 다음으로 코로나 19 전후 정부대응책과 배달음식추세의 관계를 분석하기 위하여 배달대행업체의 데이터를 분석하는 방법을 사용하였다. 따라서 본 연구는 설문조사와 데이터 분석이라는 이중적 방식을 통해서, 설문조사 방법의 약점을 상호 보완하는 형태의 분석방법을 사용하였다.

본 연구의 결과를 보면, '코로나 19 이후 정부대응책에 대한 인식차가 있다'는 가설이 채택되었는데, 구체적으로 우리나라 국민들은 '마스크쓰기'가 가장 효과적인 정부대응책이라고 인식하고 있었으나, 국외의 연구결과에서는 '사회적 거리두기'와 '지역이동제한'이 가장 효과적인 정부대응책으로 평가되었다는 점에서 차이를 보인다. '코로나 19 전후 외식 등 식생활변화가 있을 것이다'라는 가설이 채택되었는데, 구체적으로 코로나 19 이후 외식은 급격히 감소하였고 가정식은 증가하였으나, 가정식을 배달음식으로 대체하는 현상들이 증가하였으며, 코로나 19 이후 음주횟수는 감소하였고 음식선택에서도 건강과 가격, 그리고 간편식을 기준으로 선호하는 것이 나타나며, 건강보조식품이나 영양제 섭취도 증가한 것으로 나타났다. '코로나 19 이후 경제적/심리적/신체적 영향으로 인하여 외식 등 식생활변화가 있을 것이다'라는 가설이 채택되었는데, 구체적으로 코로나 19 이후 경제적으로 수입감소, 심리적으로 스트레스 증가, 신체적으로 건강상태 악화 등의 부정적인 효과가 있었으며, 외식의 경우 주로 집에서 가족·친지 또는 혼자 식사하는 비율이 증가하였고 음주도 주로 집에서 하고 스트레스가 증가할수록 음주횟수도 늘어나는 것으로 나타났다.

다음으로 '코로나 19 확진자 수는 '사회적 거리두기'를 매개로 하여 '배달음식건수'에 영향을 미칠 것이다'라는 가설이 채택되었는데, 구체적으로 코로나 19 확진자 수가 증가하더라도 '배달음식건수'가 증가하는 직접효과는 없으나, 코로나 19 확진자 수가 증가하고 이에 따라 '사회적 거리두기'단계가 올라가면서 '배달음식건수'가 증가하는 간접효과는 있다는 것이 확인되었다. 이는 코로나 19와 같은 환경에서 '사회적 거리두기'가 배달음식업의 경영에 중대한 영향을 미친다는 것을 의미한다. 반면에 '코로나 19 확진자 수는 '국민재난지원금'을 매개로 하여 '배달음식건수'에 영향을 미칠 것이다'와 '코로나 19 확진자 수'는 '사회적 거리두기'와 '국민재난지원금'을 이중매개로 하여 '배달음식건수'에 영향을 미칠 것이다'라는 가설은 통계적으로 유의하지 않아 기각되었다. 이를 통해 알 수 있는 것은 '국민재난지원금'이 사실상 국민들의 식생활 지원이나 소비강화로 경제활성화에 영향을 주지는 못한다는 것을 의미한다.

본 연구의 시사점으로 우리나라의 경우 코로나 19에 대한 정부대응책이 효과적이었다는 호평을 받고는 있으나, 다른 나라에 비하여 인구밀집도가 매우 높은 지역특성을 고려할 때, 감염병 대유행에 매우 취약할 수밖에 없다. 따라서 실질적 질병 관리에 대한 범정부적 조직체계, 촘촘한 매뉴얼 개발 등을 더욱 강화할 필요가 있다. 감염병의 대유행에 따른 경제위기에 대응하기 위한 '국민재난지원금'의 경우에는 소비활성화로 경제위기를 극복하는 효과와 연계되어야 한다는 점에서, 단순히 현금지급보다는 지역경제 활성화를 위한 소비목적의 지역화폐로 지급하는 방안이 더 효과적이라는 점이 정책적으로 반영되어야 한다. 감염병의 대유행은 경제위기뿐만 아니라 외부활동 감소 등으로 국민의 건강에도 유해한 결과를 초래한다는 점에서, 금주 및 금연 치료에 대한 정부지원과 유사하게 감염병으로 인한 건강악화를 해소하기 위한 재난치료 프로그램을 정부지원으로 제공할 필요성이 있다. 배달음식이 향후 국민들의 식생활이 직접조리방식인 가정식을 대체하고 주류식사방법으로 자리매김할 것으로 예상된다. 특히 20~30대와 1인 가구 들의 배달음식 선호도가 매우 높다는 점을 고려하여 새로운 배달음식의 개발이 필요한데, 예를 들면, '지중해식 식단을 가미한 가정식 배달음식' 종류가 향후 배달음식업의 경영에 유효할 것으로 보인다. 우리나라에서 배달음식업은 창업과 폐업의 비율이 매우 높은 업종에 해당한다. 그만큼 성공 가능성이 작다는 의미이기도 하지만, 역으로 보면 외식업 자체가 국민들의 식생활변화 추세를 볼 때, 수요가 증가하고 있다는 점은 외식업의 성공 가능성도 높일 수 있을 것이다. 다만, 음식점 창업을 위해서는 생존 가능성이 큰 장소를 선택하는 것과 함께 음식점 창업을 위한 솔루션 플랫폼개발을 강화할 필요가 있다. 배달음식점 창업에 있어서 과거 선호되었던 대학가나 역세권은 임대료 등 운영비가 많이 들어가는 문제점이 있었으나, 최근에는 주거상권에서도 배달음식업이 호황을 누리고 있는 것으로 나타났다는 점은 향후 음식점 창업에 있어서 주거상권도 중요한 선택지가 될 수 있다는 것을 고려하여야 한다.

목차

1 장

서론

1절

연구배경 및 연구목적

1. 코로나 19와 정부대응

2019년 말 중국 후베이성 우한에서 시작된 코로나 19 감염병이 장기화하면서 세계보건기구에서는 펜데믹(Pandemic)을 선언하였고 전 세계인들의 일상적인 삶은 비대면(untact) 소비 형태로 바뀌게 되었다. 코로나 19는 치명률은 높지 않으나, 전염률이 높다는 특성이 있다. 코로나 19의 충격은 1997년 외환위기(104.6) 또는 2008년 세계 금융위기(100.0)보다 큰 134.4의 체감도를 보였다(서용희, 2020). 이를 계획된 행동이론(planned action theory)으로 설명하면, 코로나 19의 치명률이 높을수록 사람들은 사망에 대한 두려움으로 행동을 자제할 가능성이 커지고 코로나 19 무증상자들에 의한 감염 가능성이 있다는 것은 사람을 만나는 곳은 어디든 안전할 수 없다는 의식으로 발전하여 외부활동을 자발적으로 줄이는 요인으로 작용하며, 확진자들에 사회적 비난이나 사생활 노출, 타인에게 전염 우려 등으로 인하여 자발적으로 외부활동을 줄이는 요인으로 작용하게 된다(유순근, 2018). 또한 Taquet, Luciano, Geddes(2020)에 의하면, 미국에서는 코로나 19를 겪은 환자들은 독감(flu) 바이러스에 접촉되었던 일반 사람들보다 더 유의하게 불안장애, 기분장애, 정신장애 전반에 노출될 것이 예측되기도 하였다.

이와 같이 코로나 19로 인해 사람들의 외부-대면 활동이 급격히 줄어들면서 사회적으로는 위기 현상으로 인식되어 비대면 접촉 활동이 증가하였다(Lupton, 2021). 코로나 19 이전에 학교, 직장 등에서 수행하던 대면활동이 가정 내에서 재택근무, 원격교육 등을 수행하는 형태로 빈도가 높아지고, 해외는 물론 국내 여행도 대부분 중단되기도 하였다. 이러한 사회환경의 변화는 국민의 정신건강이나 심리적으로 부정적 영향을 줄 수 있고(Taylor, 2019; Wang, et al., 2020; Nearchou, et al., 2020) 실제로 국내에서는 '코로나 블루(blue)'라는 신조어가 생기기도 하였다.

경제적으로는 호황 또는 불황을 겪는 업종들이 생기기도 하였다. 코로나 19 이전에 호황을 누리던 오프라인상 대형마트, 백화점, 편의점의 매출은 감소하였고, 온라인 매출은 약 20% 내외로 증가하였다(배영임 외, 2020). 그런데 디지털 기술의 발전에 힘입어 온라인 매출은 코로나 19 이전인 2015년 이래 연간 8~10% 성장하고 있었으며, 코로나 19로 인하여 온라인 소비량의 속도가 더욱 가속화된 것으로 볼 수 있다(배규식, 2020). 특히 2020년 4월에는 온라인 매출에서 전년 대비 음식 서비스는 83.7%, 식료품은 43.6% 증가한 것으로 나타났다.

코로나 19에 대한 공포감은 갈수록 커졌다. 대한민국은 코로나 19 국내 감염자 발견 이전부터 뉴스를 통해 전세계적으로 코로나 19로 인하여 혼란을 겪고 있는 여러 나라들에 대한 언론 보도를 자주 접하던 중, 국내에서 2020년 1월 코로나 19 감염병 첫 확진자가 나오자 국민의 불안감과 스트레스가 매우 높았고 코로나 19가 장기화되면서 세계인들은 허탈감과 무기력감을 호소하고 있다(Bäuerle, Teufel, Musche, Weismüller, Kohler, Hetkamp, et al., 2020). 특히 코로나 19의 경제적 충격은 국내의 국민뿐만 아니라 중국 또는 캐나다 등 재외국민도 마찬가지로 나타났다(Joy Vancouver, 2021.09.27.). 한편 국내에서는 대구 신천지예수교 증거장막성전(5,214명), 서울 동부구치소(1,232명), 성북구 사랑제일교회(1,173명) 등에서 다수의 확진자가 발생하기도 하였다. 2021년 9월 시점부터 확진자 수는 전국적으로 일일 2,000~4,000여 명이 발생하고 있다. 이는 위드코로나(With Corona) 이후 더 증가한 것으로 나타나고 있는데, 실제로 일일 10,000명 이상 발생할 것으로 예상한다. 그러나 대한민국에서도 코로나 19가 장기화되면서 국민의 불안감은 다소 둔감화된 것으로 보인다. 현재 정부에서는 2021년 11월 이후에는 코로나 19를 완전히 종식할 수 없다면, 함께 공존해야 한다는 위드코로나(With Corona)를 2021년 11월 1일부터 시행하고 있다. 이는 장기화되는 코로나 19로 인한 피로감에 둔감해지고 코로나 19 이전 자유로운 삶에 대한 국민의 욕구, 그리고 소상공인·자영업자의 경영악화 등으로 인하여 정부로서는 진퇴양난의 어려운 상황이라고 할 수 있다.

해외도 코로나 19로 인하여 나타난 변화는 대한민국과 크게 다르지 않다. 이에 각국에서는 코로나 19 대응책을 다양하게 동시다발적으로 시행하고 있다. 미국의 경우에는 코로나 19에 따라 국민이 경제적 어려움에 시달리게 되면서 3차에 걸쳐 미국 전체 가구의 85%가 국민재난지원금(총 978조원)을 받은 것으로 나타났는데(중앙일보, 2020.05.19.), 1차 지원금은 주로 식료품과 임대료 등에 74%를 사용하였지만, 2차는 22%, 3차는 19%로 감소하고 나머지 지원금은 주로 저축이나 대출금을 갚는 데 사용했다는 응답이 1차 25%, 2차 77%, 3차 81%까지 높아졌다. 그 이유에 대하여 1차 '국민재난지원금' 당시에는 실업률이 14.4%로 대공황 이후 가장 높았다는 점이 영향을 주었으나, 코로나 19가 장기화되면서 불안감이 커져서 '국민재난지원금'의 즉시 소비보다는 저축 등 장기 예치하는 형태로 변화한 것으로 분석하였다.

<표 1>을 보면, 미국에서는 코로나19 위기를 극복하기 위하여 개인, 법인, 금융시장과 금융기관을 지원하였고, 유럽국가인 독일, 프랑스, 영국에서는 미국이 개인에게 현금지원 등을 한 것과는 다르게 개인 지원은 없었으나, 법인, 금융시장과 금융기관은 지원한 것으로 나타난다.

유럽권에서는 코로나 19 대응책으로 크게 5가지를 시행하였는데, 지역이동제한(Lock down), 공공활동(Public Event)금지, 학교폐쇄 권장, 자가고립(Self Isolation), 사회적 거리두기 등이다. 이들 중 코로나 19 기간 중 확진자 상황에 따라 유효한 정책들에는 다소 차이가 있지만 지역이동제한(Lock down)이 가장 효과적일 수 있다는 연구 보고가 있었다(Flaxman, Mishra, Gandy et al, 2020).

OECD 37개국을 대상으로 한 결과를 보면(Pozo-Martin, Weishaar, Cristea, Hanefeld, Bahr, Schaade, & El Bcheraoui, 2021), 코로나 19 발생 초기에는 (1) 사적모임금지, (2) 직장폐쇄 권장, (3) 학교폐쇄 권장, (4) 마스크쓰기 권장, (5) 총 검사를 받은 사람의 수가 코로나 19 확진자의 평균 성장률을 예측하는 데 좋은 예측 변인이었다. 그 중, 사적모임금지가 가장 높은 효과를 가졌다. 그러나 코로나 초기의 효과와 2020년 10~12월까지 대응정책의 효과는 달랐는데, 2020년 10~12월에서는 직장폐쇄 권장과 코로나 19검사 정책이 각각 코로나 19가 얼마나 발생하는지를 알려주는 좋은

표 1. 코로나 19위기에 대응한 주요국의 개인 및 법인에 대한 지원대책

대상		종류	미국	독일	프랑스	영국
개인		현금지원 등	1,200달러/성인			
법인	중소기업	고용·실업관련대책	실업보험 확충 등	휴업수당 요건 완화	휴업수당 특례조치	휴업수당제도 도입
		보조금/대출금 상환면제	실시	실시	실시	실시
		정부보증 민단대출	100% 정보보증·대납	80~100% 보증	70~90% 보증	80~100% 보증
	대기업	정부/중앙은행 직접투융자	대출·회사채 인수	출자 한도 설정		
		기타 지원책	항공사 대출/보조금	보증부 신디게이트 대출	보증부 대출	보증부 대출
금융시장 · 금융기관		정책금리 인하	총 ▲ 1.50%pt			총 ▲ 0.65%pt
		자산구입(양적 완화)	국채 등 무제한 매입			
		유동성 공급 프로그램	유담보대출 확충·신설	유담보대출 신설	유담보대출 신설	유담보대출 신설
		미 달러화 스왑 협정	달러화 공급 시 주요 6개 중앙은행 간 금리인하			
		금융규제 완화	주요 규제의 실시 연기 및 요건 완화			

출처 : 일본종합연구소, "코로나 쇼크를 받은 금융 면의 대응 평가", 2020. 5. 15.

예측변수였다는 점에서 코로나 19 상황에 따라 각국 정부 정책의 효과나 예측 정도는 상이했음을 알 수 있다.

사적 모임을 제한하는 '사회적 거리두기' 정책의 효과에 관해서는 선행연구에서 많이 입증되어 왔다(Haug, Geyrhofer, Londei, Dervic, Desvars-Larrive, Loreto, 2020; Brauner, Mindermann, Sharma, Johnston, Salvatier, Gavenčiak, et al, 2021; Liu, Morgenstern, Kelly, Lowe, Munday, Villabona, et al, 2021). 특히 Brauner 외(2021)에 의하면, 사적 모임을 1,000명이나 그 이하의 사람들이 모이지 못하게 할 때 23%의 확진자 감소, 100명 이하는 34%, 10명 이하의 사적모임금지는 42% 감소와 관련 있는 것으로 나타났고 Liu 외(2021)에 의하면, 1000명 이하 사적 모임 금지는 코로나 19 감소와 크게 관련 없지만, 10명 이하의 사적 모임 금지는 코로나 19 감소에 도움이 된다고 밝혔다.

코로나 19에 대한 총 40개의 국가와 미국의 주요 정부 정책의 효과를 확인하기 위한 연구를 보면(Wibbens, Koo, & McGahan, 2020), 학교폐쇄 권장, 직장폐쇄 권장, 공공활동금지, 사적모임제한, 대중교통 이용제한, 자택 머물기, 다른 도시나 지역으로의 이동제한, 해외여행 제한, 공공캠페인, 코로나 19 검사대상 범위 등을 토대로 해서 코로나 19 정책을 국가별로 각각의 항목에 대해 점수를 매겨서 분석한 결과, 가장 효과가 좋은 정책은 직장폐쇄나 자택 머물기로 나타났고, 공공캠페인은 강력하게 추진할 때만 효과적이었으며, 학교폐쇄는 전체 학교폐쇄보다는 확진자가 발생한 일부 학교폐쇄가 더 효과적이었다. 코로나 19 검사대상 범위나 확진자접촉 동선을 추적하는 정책들은 다른 정책들에 비해 코로나 19 감소 효과가 떨어지는 것으로 나타났다.

대한민국 정부에서는 코로나 19의 대응책으로 국민에게 일상생활을 제한하는 다양한 조치를 시행한 바 있다. 그 내용을 보면, '사회적 거리두기', 집합금지, 그리고 '사회적 거리두기' 단계별 조치 등을 시행하게 되었다. 예를 들면, 다수참여 행사제한, 외출자제, 재택근무 확대 등이다. '사회적 거리두기'는 코로나 19 발생 초기에는 3단계, 코로나 19 확진자 수 증대에 따라 5단계로 세분화하여 시행했었다. 현재는 위드코로나(With Corona) 단계로 진입 중이다. 사회적 거리두기 시행으로 음식점, 노래방 등 다수가 모이는 업종에 종사하는 소상공인·자영업자들의 매출이 급격하게 감소하였고, 이와 함께 외부활동의 감소로 인하여 취약계층 등 국민의 경제적 손실도 커지게 되었다. 이에 우리 정부에서는 '사회적 거리두기' 등의 조치로 인하여 경제적 타격을 받은 국민을 대상으로 한 1차는 전 국민 대상 국민재난지원금, 그리고 2~4차 소상공인·자영업자, 취약계층에게 국민재난지원금 (Economic Impact Payment)을 제공한 바 있다. 그러나 현재까지 코로나 19 상황에 따라 대한민국 정부에서 시행하는 정부 대응책이 얼마나 효과적인지에 대한 연구는 아직 없는 상태이다. 한편 코로나 19 이후 국민의 소비패턴에도 변화가 감지되는데(이영주 외, 2021), 코로나 19 이전에 레스토랑 방문 행동이 코로나 19 중에는 급격히 감소하다가 코로나 19 이후에는 다소 회복하더라도 코로나 19 이전만큼은 회복하기 어려울 것으로 예측된다는 점, 또한 가정 내 식사비율이 높아지면서 외식빈도는 줄어들고 반면에 배달음식은 증가했으며, 이는 코로나 19 이후에도 크게 감소하지 않을 것으로 예측되었다(Baker, Farrokhnia, Meyer, Pagel, Yannelis, 2020).

2. 코로나 19와 식생활 변화

식생활과 관련하여 음식점 출입을 자제하게 되면서 코로나 19 이전에는 배달하지 않던 음식업들도 생존을 위해 배달을 통해 매출을 높이려는 방법으로, 경영방식을 전면 변경하는 등 다양한 분야에서 삶의 변화가 이루어졌다. 대한민국 배달전문업체인 바로고(barogo)의 경우 코로나 19 기간인 2020년에, 2019년 대비 134.0%, 2018년 대비 439.4%의 배달대행 건수가 증가하였고 배달라이더의 증가에도 불구하고 업체 간의 경쟁이 심해 수수료 인상 등에도 신속하게 배달라이더를 구할 수 없을 정도였다(연합뉴스, 2021.01.05.). 배달음식업의 활성화는 배달노동자들의 수입증가 효과도 있었다(강윤경, 2020). 배달음식업의 성공에 있어서 중요한 요소 중 하나는 빠른 배달이다. 이에 속도경쟁이 가속화되면서 쿠팡이츠에서는 빠른 배달의 이미지구축을 위한 경영전략을 구사하기도 하였는데, 속도 중심의 배달증가로 인한 교통사고위험이 증가하는 부작용도 발생하였다(오픈서베이, 2021). 이는 해외에서도 마찬가지이다. 중국에서 온라인 배달음식 서비스를 제공하는 플랫폼 업체인 메이톼 연구소에서 발표한 자료를 보면, 코로나 19 이후 2020년 배달음식 산업의 규모가 급성장하여 전년 대비 8.9% 증가하였고 배달노동자는 16.45% 증가하였으며, 이로 인하여 배달노동자들의 교통사고도 급증한 것으로 보고되었다. 브라질의 경우에도 코로나 19 이후 일부 지역과 도시가 봉쇄되면서 배달서비스가 시민들의 생존을 위한 필수 서비스가 되었다. 이에 배달종사자들의 비율이 2016년 52만 명에서 2020년 72만 명으로 약 39.2% 증가하였고 배달음식 플랫폼인 Rappi의 주문 건수도 전년 대비 2020년에는 79.67% 증가하였다(김경란, 2020).

코로나 19 이후 매출감소로 버틸 수 없는 음식업들의 폐업과 배달음식 중심의 창업이 급증하는 현상도 나타났다. 일반적으로 음식점의 폐업률은 코로나 19 이전에도 1위를 할 만큼 변동이 심한 업종에 해당한다(이정민·김동준·이승일, 2021). 따라서 코로나 19로 인하여 음식업들의 폐업이 급증할 것으로 예상했으나, 음식업주들이 인테리어 철거 등 폐업비용 부담, 영업유지 조건부 재난지원금 수혜 등의 요인으로 인하여 폐업 대신 휴업 또는 영업유지를 선택한 것으로 분석되기도 하였다. 대부분 음식업의 불황 중에서도 호황인 식료품 업체들이 생기기도 하였다(배규식, 2020). 즉 코로나 19로 인한 국민의 식생활방식에도 변화가 있었다는 것을 의미한다. 통계청(2021) 자료에 따르면, 전년 대비 외식 대신 내식(가정식)이 확산되면서 식료품의 구매(43.0% 증가)나 배달음식에 소비되는 비용(78.3% 증가)은 급격하게 증가하였다. 즉 가정식을 배달음식으로 대체하는 비율이 점차 높아지고 있다는 것은 국민의 식생활방식 변화에 맞는 배달음식업의 경영방식 변화도 요구된다는 것을 의미한다.

3. 연구의 목적

위와 같은 연구의 배경과 필요성에 따라 본 연구의 목적은 다음과 같다.

첫째, 코로나 19 확진자현황, 코로나 19에 대한 각국의 정부 대응책('사회적 거리두기', '국민재난지원금' 등), 국민의 식생활 소비의 변화 등의 선행연구를 탐구하여 본 연구의 방향을 확인한다.

둘째, 코로나 19 이후 정부대응에 대한 인식, 코로나 19 전후 식생활 변화 등에 대한 관계를 파악해본다. 코로나 19 이후 정부 대응책('사회적 거리두기', '국민재난지원금')을 매개로 하여 배달음식증감에 영향을 미치는지 확인한다.

셋째, 위와 같은 분석을 통해 도출된 결과를 바탕으로 향후 코로나 19와 같은 상황에서 정부대응과 식생활 변화에 따른 배달음식업의 경영전략을 모색하고 연구의 시사점 등을 제시하고자 한다.

2절

연구의 구성

본 연구의 구성은 다음과 같다.

제1장에서 서론은 연구의 필요성과 목적, 연구의 방법 및 연구의 구성에 대하여 개괄적으로 서술한다.

제2장에서 이론적 배경은 코로나 19에 대한 선행연구 등을 중심으로 주요 변수들에 대하여 추세와 평가를 분석한다.

제3장에서 코로나 19 전후 정부 대응책과 식생활 변화의 관계를 중심으로 연구대상과 연구방법, 연구결과를 살펴본다.

제4장에서 코로나 19 전후 정부 대응책과 배달음식추세의 관계를 중심으로 연구대상과 연구방법, 연구결과를 살펴본다.

마지막으로 제5장에서 결론은 연구결과의 요약, 결과에 기초한 정책적 시사점, 그리고 연구의 한계점 및 추후 연구과제를 제시한다.

2
장

이론적 배경

1절

제1절 코로나 19 감염병

1. 코로나 19 개요

코로나 19는 2019년 11월 17일 중국의 후베이성 우한시에서 최초 발생한 것으로 알려졌는데, 사람과 동물에게 모두 전염되는 세계적인 유행병(Pandemic)이다. 이에 초기에는 중국에서 시작되었다는 의미에서 우한 폐렴(Wuhan Pneumonia)으로 불리기도 하였으나, 세계보건기구(WHO)에서 2020년 2월 11일 COVID-19(Coronavirus Disease 2019)로 공식 명칭을 정하였고, 국제바이러스분류체계위원회(The International Committee on Taxonomy of Viruses)에서는 SARS-CoV-2(Severe acute respiratory syndrome coronavirus 2)로 명명하였다(BBC, 2020.02.11). 중국에서는 2019년 12월 중순 무렵 우한시 보건위원회가 '원인불명 폐렴(不明原因肺炎)'으로 사용하다가 세계보건기구(WHO)가 COVID-19로 명명하면서 동일한 명칭을 사용하였다. 독일에서는 'COVID-Neunzehn', 한국은 '코로나 19', 북한은 '신형코로나 바이러스 감염증' 등으로 불리고 있다.

작은 크기(0.1~0.2μm)의 바이러스인 코로나 19는 호흡 또는 비말 접촉으로 감염되는데 그 증상을 보면(CDC, 2021), 다양하지만 무증상, 기침, 발열, 두통, 피로, 호흡곤란, 패혈증, 후각 및 미각 상실 등이 있다. 중국 광둥성 공중보건연구소에 의하면, 초기증상은 발열, 마른기침, 무기력이라고 하며, 이후 호흡곤란, 쇼크, 혈액 응고 등이 발생할 수 있다. 미국질병통제예방센터(CDC: Center for Disease Control and Prevention)에 의하면, 바이러스에 감염된 후 잠복기는 2~14일로 평균 7일이다. 일반

증상은 10일 정도, 중증의 경우에는 20일 정도 증상이 지속될 수 있다.

특히 감염자의 3분의 1인 무증상 감염자에게는 눈에 띄는 증상이 없다(Oran, et al. 2021). 환자로 분류될 만큼 81%의 사람들이 경증에서 중증의 증상을 보이고, 14%의 사람들은 저산소증, 호흡곤란 등 증상이 나타나며, 5%의 사람들은 호흡기 부전, 쇼크 등 심각한 증상이 발생한다. 이러한 심각한 증상은 고령자일수록 높게 나타난다. 또한, 코로나 19에 감염된 일부 사람들은 장기손상이 발견되기도 한다.

코로나 19는 실외보다는 실내에서 환기가 잘 안 되면 먼 거리라도 감염률이 높으므로 통풍과 환기가 잘되도록 실내 공기를 수시로 개선해주어야 한다. 코로나 19 확진자가 만진 물건에 접촉해도 감염되기는 하지만, 사실상 감염에 크게 기여하지 않는다. 코로나 19에 감염된 사람은 증상이 나타나기 때문에 최대 2일 전에 바이러스를 다른 사람들에게 전파할 수 있다.

코로나 19를 진단하는 데에는 다양한 방법이 있다. 대부분 바이러스 검사에 사용하는 핵산검출진단검사법(PCR, RT-PCR, Multiplex PCR, PCR-RFLP 등), 면역반응에 기반을 두고 혈액, 객담과 같은 인체로부터 얻어지는 검체에서 항원 또는 항체를 검출하는 면역혈청학적 진단법(ELISA, LFIA), 폐CT검사 등이 있다.

2. 코로나 19 현황

1) 주요국가 현황

주요국가 코로나 19 감염 현황을 보면(나무위키, 2021.08.21. 검색), 미국, 인도, 브라질 등의 순으로 확진자 수가 많았다는 것을 알 수 있으며(표 2 참조), 사망자 수는 미국, 브라질, 인도 순으로 많았다. 대한민국과 비슷하게 '코로나 19 확진자 수'가 발생한 아일랜드, 온두라스, 팔레스타인과 비교해보면, 사망자 수에서 온두라스, 아일랜드, 팔레스타인, 대한민국 순으로 많았다. 사망자 수는 나라별 의료시스템의 영향을 받는다는 점을 고려할 때, 상대적으로 대한민국의 의료시스템은 우수하다고 할 것이다.

표 2. 주요국가 코로나 19 현황표

구분	확진자 數	사망자 數	완치자 數
미국	42,866,805	691,562	32,483,226
인도	33,448,163	444,869	32,671,167
브라질	21,230,325	590,547	20,280,294
영국	7,435,502	135,478	5,990,893
러시아	7,274,928	198,218	6,498,682
프랑스	6,993,704	116,624	6,660,513
필리핀	1,824,051	31,596	1,668,520
일본	1,393,939	15,809	1,118,486
이스라엘	978,212	17,622	952,094
아일랜드	333,304	5,074	282,877
대한민국	329,925	2,560	294,929
온두라스	326,830	8,594	105,153
팔레스타인	324,542	3,629	314,104
베네수엘라	323,536	3,871	309,630

출처 : 나무위키 2021.08.21. 검색

2) 대한민국 현황

대한민국 질병관리청에서 제공하는 코로나 19 감염 현황을 보면(질병관리청, 2021.10. 검색), 전국에서 확진자 수는 331,519명이고 그중 수도권이 221,651명(66.8%)으로, 코로나 19 확진자는 주로 인구밀집도가 높은 지역에서 다수 발생한다는 것을 알 수 있다. 그리고 사망자 수는 2,575명이었으며, 격리해제 수는 296,708명으로 나타났다. 지역별로 보면 서울, 경기, 인천, 대구 순으로 확진자 수가 많았으며, 사망자 수는 경기, 서울, 대구, 인천 순이었다. 그러나 수도권에 전체 인구의 약 50%가 거주하고 있다는 점에서 확진자 수나 사망자 수가 많을 수밖에 없다. 다만, 대구의 경우에는 신천지 등으로 인하여 다른 광역도시에 비하여 상대적으로 확진자와 사망자 수가 많은 것으로 집계되었다.

표 3. 대한민국 코로나 19 현황표

구분	확진자 수	사망자 수	완치자 수
전국	331,519	2,575	296,708
서울특별시	107,624	683	94,428
경기도	96,909	834	84,357
인천광역시	17,118	91	15,186
대구광역시	16,093	245	15,102
부산광역시	13,108	155	12,485
경상남도	12,202	37	11,369
충청남도	9,635	58	8,652
경상북도	8,924	91	8,147
대전광역시	7,308	50	6,842
충청북도	6,890	79	6,182
강원도	6,772	64	6,340
울산광역시	5,299	56	5,114
광주광역시	5,187	29	4,961
전라북도	4,738	64	4,419
전라남도	3,253	21	3,036
제주특별자치도	2,964	2	2,867
세종특별자치시	1,312	1	1,236

출처 : 보건복지부 질병관리청, 2021. 10. 10. 검색

3. 코로나 19 대응

코로나 19에 대한 일반적인 예방수칙에 대하여 대한민국 질병관리청(KDCA), 미국 질병통제예방센터(CDC), 세계보건기구(WHO)에서 권고안을 제시하고 있다. 코로나 19에 대한 예방수칙은 전 세계적으로 대부분 공통적이라 할 수 있다. 자세한 내용은 <표 4>와 같다.

표 4. 코로나 19 예방수칙

KDCA	• 실내 시설, 밀집된 실외에서는 반드시 마스크 착용하기 • 흐르는 물에 비누로 손을 30초 이상 꼼꼼하게 자주 씻기 • 환기가 안 되고 많은 사람이 가까이 모이는 장소는 방문 자제하기 • 사람과 사람 사이, 두 팔 간격 2m(최소 1m) 거리두기 • 씻지 않은 손으로 눈·코·입 만지지 않기 • 기침이나 재채기할 때 옷소매나 휴지로 입과 코를 가리기 • 매일 주기적으로 환기하고 자주 만지는 표면은 청소·소독하기 • 발열, 호흡기 증상(기침이나 호흡곤란 등)이 있는 사람과 접촉 피하기 • 매일 본인의 발열, 호흡기 증상 등 코로나 19 임상 증상 확인하기 • 필요하지 않은 여행 자제하기
CDC	• 감염을 막는 최고의 방법은 바이러스에 노출되는 상황을 피하는 것입니다. • 적어도 20초 동안 비누와 물로 자주 손을 씻으세요. 특히 공공장소에 다녀오거나, 코를 풀거나, 기침 또는 재채기한 후에는 손을 씻어야 합니다. • 비누와 물을 사용할 수 없는 경우 최소 알코올이 60% 이상 함유된 손 소독제를 사용하세요. • 씻지 않은 손으로 눈, 코, 입을 만지는 것을 자제하세요. • 좁은 공간에서의 만남을 피하세요. 그리고 스스로 다른 사람과의 거리를 두세요. • 주위에 다른 사람이 있을 때 천 등을 사용해서 입과 코를 가리세요. - 당신이 아프지 않다고 느껴도 다른 사람에게 바이러스를 전파할 수 있습니다. - 만 2세 이하의 어린아이가 호흡에 지장이 생기면 천 등으로 입과 코를 가리면 안 됩니다. - 의료 관계자가 아니면 절대 마스크를 쓰지 마세요. - 계속해서 사회적인 거리를 유지하세요. 천으로 얼굴을 가리는 것이 사회적 거리를 유지하는 것에 대한 대안이 될 수 없습니다. • 아프면 집에 머무르세요. • 기침이나 재채기를 할 때는 휴지나 팔꿈치 안쪽으로 가려야 합니다. - 사용한 휴지는 폐기하고 즉시 흐르는 물에 비누를 사용해서 20초 이상 손을 씻어야 합니다. - 손쉽게 물과 비누를 구할 수 없는 상황이라면 적어도 알코올이 60% 이상 함유된 손 소독제를 사용하세요. • 매일 청소하고 자주 접촉하는 표면을 살균, 소독해야 합니다. • 알코올을 사용해서 살균, 소독한다면 최소 70% 이상의 농도의 알코올을 사용하는 것이 안전한 방법입니다.
WHO	• **손을 자주 씻으세요.** - 반복적으로 그리고 완벽하게 손을 청결하게 유지하세요. - 비누와 물을 이용해서 손을 씻거나 알코올을 주성분으로 하는 손 소독제로 손을 소독하면 코로나 바이러스를 죽일 수 있기 때문입니다. • **사회적인 거리를 유지하세요.** - 최소 1미터(3피트)의 거리를 기침과 재채기를 하는 사람으로부터 스스로 유지하세요. - 사람이 기침이나 재채기를 하면 그 사람의 코나 입으로부터 공기 중에 아주 작은 물방울과 호흡기 감염병을 일으키는 병원체가 함께 분사됩니다. 만약 너무 가까우면 이런 작은 물방울을 들이마실 수 있습니다. 즉, 이번 신종 코로나바이러스를 포함해서 이러한 질병들은 기침을 통하여 전염됩니다.

WHO	• **눈과 코 그리고 입을 만지지 마세요.** - 손은 많은 물체의 표면을 만지기 때문에 바이러스가 손에 묻을 수 있습니다. 이렇게 한 번 손이 오염되면, 바이러스는 쉽게 눈, 코, 입으로 전달됩니다. 그러면 바이러스가 몸 안에 침입하게 되고 당신이 감염되는 것입니다. • **기침 예절을 지키세요.** - 당신과 주위 사람 모두 올바른 기침 예절을 지켜야 한다는 것을 명심하세요. 기침이나 재채기를 할 때 팔꿈치 안쪽이나 휴지로 입과 코를 막고 해야 합니다. 그리고 사용한 휴지는 즉시 폐기하여야 합니다. - 감기와 같이 공기 중의 작은 물방울을 통해 감염되는 신종플루나 코로나바이러스는 올바른 기침 예절을 실천하면 당신과 주변 사람들을 모두 지킬 수 있습니다. • **열이 있거나 숨쉬기가 힘들거나 다른 증세를 보이면 빨리 의학적인 치료를 받아야 합니다.** - 집에 있다가 열이 나거나 기침을 하거나 숨쉬기 힘들어지는 등 상태가 안 좋아지면 의사에게 의학적인 조치와 조언을 구해야 합니다. - 의사는 당신보다 더 잘 알고 있습니다. 빠르고 적절한 조치를 받으려면 전화를 하여 빨리 가까운 의료기관으로 가야 합니다. 이것은 당신을 도울 뿐만 아니라 감염 확산을 예방할 수 있습니다. • **COVID-19의 최신 정보를 숙지하고, 의료 관계자의 말을 준수하세요.** - COVID-19에 대한 최신 정보를 계속 확인하세요. COVID-19로부터 자신과 타인을 보호하는 방법에 대한 의료종사자, 국가 및 지역 공중 보건 당국 또는 고용주가 제공하는 조언을 따르십시오. - 국가 및 지방 당국은 COVID-19가 당신이 머무르는 지역에 퍼지고 있는지에 대한 최신 정보를 가지고 있습니다. 그들은 당신 지역의 사람들이 자신들을 보호하기 위해 해야 할 행동에 대해 가장 잘 조언할 수 있습니다. • **몸이 안 좋다고 느끼면 집에 머무르세요.** - 감염 증세인 두통, 심한 콧물 등을 인지하면 나을 때까지 집에 머무르세요. - 의료기관에 방문하고 다른 사람과 만나는 것을 피하면 의료 체계가 더 효과적으로 질병을 통제할 수 있고 당신을 COVID-19와 다른 바이러스로부터 지킬 수 있습니다. • **증상이 심화되면...** - 열이나 기침 또는 숨쉬기가 힘들어지면 신속한 의학적 조치가 필요합니다. 이것은 바이러스에 감염됐거나 심한 다른 질병일 수 있습니다. 의료기관에 연락하여 조언을 구하고 최근 어디에 갔는지 이야기해야 합니다. - 그러면 의료 관계자는 빠른 조처를 내려 바이러스의 확산을 막을 수 있습니다.

출처 : 보건복지부 질병관리청 2021. 10. 15. 검색

2절

코로나 19 각국 정부대응

코로나 19는 전 세계적으로 전파되고 있으므로 적절한 대응책의 마련이 요구돼왔다. 이에 따라 각국의 정부는 각국의 상황에 따라 여러 가지 정책을 적용하고 코로나 19에 대응하였다. 구체적으로 사회적 거리두기, 재난지원금 지급, 지역 간 이동규제, 마스크 착용 권장 등 다양한 방법과 정책을 동원해 코로나 19 감염병 확산 방지에 동참하고 있다.

그중에서 '사회적 거리두기' 정책을 시행하면서 동시에 '국민재난지원금'을 제공한 나라들에는 대한민국을 비롯해 이스라엘, 미국, 일본 등 소수에 불과하다. 한편, 유럽은 '사회적 거리두기' 관련 정책이 효과를 발휘하지 못한 것으로 평가된다. '사회적 거리두기'에 대한 국민적 저항이 아시아 등에 비하여 강했기 때문이다. 다만, 국민 등을 대상으로 한 '국민재난지원금'은 일부 지급한 것으로 파악되었다.

독일에서는 프리랜서, 자영업자의 3개월간의 운영비를 보조하는 차원에서 종업원 5인 이하는 최대 9천유로, 6~9인 이하는 최대 1.5만유로까지 지원하였고 영국에서는 자영업자소득지원제도를 통해 3개월간 영업소득(월 상한 2,500파운드) 감소분을 보상하고 보조금 기금을 통해 소규모사업자 및 취약업종의 영업소득 감소를 각각 1만 파운드 및 2.5만파운드 이내에서 보상했다(박성욱, 2020).

1. 대한민국

1) 사회적 거리두기

대한민국에서는 2020년 1월 코로나 19 첫 확진자 발생 직후부터 적극적으로 코로나 19에 따른 신속한 대응이 범정부 차원으로 이뤄졌다고 평가된다. 먼저, 초기에는 '사회적 거리두기'를 권고하였으나 코로나 19 확산세가 거세짐에 따라 집합금지 명령을 시행하였다. 그리고 2020년 06월 28일, 중앙재난안전대책본부는 다양한 거리두기 명칭을 '사회적 거리두기'로 통일하고 <표 5>와 같이 거리두기 3단계를 시행한다고 발표하고 코로나 19의 심각도와 방역 조치의 정도에 따라 단계를 달리하여 적용하였다(연합뉴스, 2020.06.28.). 이렇듯, 3단계로 나뉜 거리두기는 약 4개월간 진행되다가, 2020년 11월 7일부터 '사회적 거리두기' 5단계로 세분화하여 시행했다(SBS, 2020.11.01.). 이후 2021년 06월 20일, 중앙재난안전대책본부를 통해 '사회적 거리두기' 개편안이 공개되며 '사회적 거리두기' 5단계 체제는 다시 4단계 체제로 변경되었다. 4단계로 변경된 개편안은 2021년 07월 01일 0시부터 시행하여 2021년 10월 17일까지 운영되었다.

2021년 10월 15일, 위드코로나(With Corona)를 앞두고 마지막 거리두기 개편안이 발표되어 2021년 10월 31일까지 운영하는데(연합뉴스, 2021.10.15.), 수도권 4단계와 비수도권 3단계를 유지한다. 구체적으로 사적 모임 제한 완화(수도권은 모든 다중이용시설 등에서 미접종자는 4인까지 허용하되, 접종 완료자 포함하여 8인까지 가능, 비수도권은 접종 완료자 포함 10인까지 모임 가능), 영업시간 완화(비수도권은 24시, 수도권은 독서실·스터디카페·공연장·영화관 24시, 방문판매홍보관제한해제),

스포츠경기관람완화(실내는 접종 완료자만 구성, 수용인원의 20%, 실외는 30%까지 가능), 결혼식 참석인원 완화(식사 여부 관계없이 최대 250명), 종교시설 참석인원 완화(접종 완료자 인센티브 적용, 소모임·숙박·취식 금지는 유지) 등이다.

표 5. 사회적 거리두기 단계

구분		1단계 (생활 속 거리두기)	2단계	3단계
집합/모임/행사		허용 (방역수칙 준수 권고)	실내 50인 실외 100인 이상 금지	10인 이상 금지
스포츠행사		참석 관중 수 제한	무관중 경기	경기 중지
다중시설	공공	운영허용 (필요하면 일부 중단·제한)	운영중단	운영중단
다중시설	민간	운영허용 단, 고위험시설 운영 자제명령(방역수칙준수)	고위험시설 운영중단, 그 외 시설 방역수칙 준수 강제화 [4m²당(약 1평) 인원제한]	고위험시설 운영중단, 그 외 시설 방역수칙 준수 강제화 (예: 21시 이후 운영중단, 지하시설 중단 검토 등)
학교/유치원/어린이집		등교·원격수업	등교·원격수업 (등교 인원 축소)	원격수업 또는 휴업
기관/기업	공공	유연·재택근무 등을 통한 근무밀집도 최소화 (예 : 전 인원의 1/3)	유연·재택근무 등을 통해 근무 인원 제한 (예 : 전 인원의 1/2)	필수 인원 외 재택근무
기관/기업	민간	유연·재택근무 등 활성화 권장	유연·재택근무 등을 통해 근무 인원 제한 권고	필수 인원 외 전원 재택근무 권고

구분	1단계	1.5단계	2단계	2.5단계	3단계
개념	생활 속 거리두기	지역적 유행 개시	지역 유행 급속 전파, 전국적 확산 개시	전국적 유행 본격화	전국적 대유행
기준	주 평균 일일 국내 발생 확진자 수 - 수도권 100명, 충청·호남·경북·경남권 30명, 강원·제주 10명 미만	주 평균 일일 국내 발생 확진자 수 - 수도권 100명, 충청·호남·경북·경남권 30명, 강원·제주 10명 이상 60대 이상 주 평균 일일 확진자 수 - 수도권 40명, 충청·호남·경북·경남권 10명, 강원·제주 4명 이상	다음과 같은 세 가지 중 하나 충족 ① 유행권역에서 1.5단계 조치 1주 경과 후, 확진자 수가 1.5단계 기준의 2배 이상 지속 ② 2개 이상 권역에서 1.5단계 유행이 1주 이상 지속 ③ 전국 확진자 수 300명 초과 상황 1주 이상 지속	전국 주 평균 확진자 400명~500명 이상이거나, 2단계 상황에서 더블링 등 급격한 환자 증가 상황 ※ 격상 시 60대 이상 신규확진자 비율, 중증환자 병상수용능력 등 중요하게 고려	전국 주 평균 확진자 800~1000명 이상이거나, 2.5단계 상황에서 더블링 등 급격한 환자 증가 ※ 격상 시 60대 이상 신규확진자 비율, 중증환자 병상수용능력 등 중요하게 고려
준수사항	일상생활과 사회경제적 활동을 유지하면서, 코로나19 예방을 위해 방역수칙 준수	위험지역은 철저한 생활방역	위험지역은 불필요한 외출과 모임 자제, 사람이 많이 모이는 다중이용시설 이용 자제	가급적 집에 머무르며 외출·모임과 다중이용시설 이용을 최대한 자제	원칙적으로 집에 머무르며 다른 사람과 접촉 최소화

구분		1단계	2단계	3단계	4단계
기준	인구 10만 초과	*인구 10만 명당 1명 미만 (주간 평균)	*인구 10만 명당 1명 이상 (주간 평균이 3일 이상 기준 초과)	*인구 10만 명당 2명 이상 (주간 평균이 3일 이상 기준 초과)	*인구 10만 명당 4명 이상 (주간 평균이 3일 이상 기준초과)
				*권역 중환자실 70% 이상	*전국 중환자실 70% 이상
	인구 10만 이하	*주간 총 환자 수 5명 미만	*주간 총 환자 수 5명 이상	*주간 총 환자 수 10명 이상	*주간 총 환자 수 20명 이상
보조지표		①감염재생산지수(R값) ②감염경로 조사 중 비율 ③방역망 내 관리 비율 ④검사 양성률 ⑤위중증 환자 수 ⑥중증화율			

출처 : 보건복지부 질병관리청 2021. 10. 15.

2) 국민재난지원금

대한민국에서는 '사회적 거리두기'로 인하여 국민의 삶과 소상공인 등의 경제가 심각하게 위축되면서 '국민재난지원금'을 제공하였다. 구체적 내용은 <표 6>과 같이 1차는 2020년 5월(전국민), 2차는 2020년 9월(소상공인·자영업자·취약계층), 3차는 2021년 1월(소상공인·자영업자·취약계층),4차는2021년 3월(소상공인·자영업자·취약계층)에 제공되었다.

표 6. 국민재난지원금 지급 현황

구분	1차	2차	3차	4차
규모	14조3000억원	7조8000억원	9조3000억원	20조7000억원
대상	전 국민 (4인 가구 기준 최대 100만원)	- 소상공인·자영업자 (100만~200만원) - 특고·프리랜서 등 고용 취약계층(50만~150만원) - 미취업청년(50만원) - 저소득계층(100만원) - 아동특별돌봄지원금 (15~20만원) - 이동통신요금지원 (2만원, 만16~34세와 만 65세 이상)	- 소상공인·자영업자 (100만~300만원) - 특고·프리랜서 등 고용 취약계층(50만~100만원) - 방문·돌봄 서비스 종사자(50만원) - 매출감소 법인택시 기사(50만원)	- 소상공인·자영업자 (100만~500만원) - 특고·프리랜서 등 고용 취약계층(50만~100만원) - 방문·돌봄 서비스 종사자(50만원) - 매출감소 법인택시 기사(70만원) - 한계근로빈곤층, 노점상(50만원) - 생계위기가구 대학생 (250만원)
시기	2020년 5월	2020년 9월	2021년 1월	2021년 3월

출처 : 행정안전부, 2021. 11. 15. 검색

2020년 04월, 정부는 아동수당지급 대상인 만 7세 미만의 자녀를 둔 200만 가구에 국비로 아동 1인당 40만원 상당의 상품권 등을 지급하는 사업으로, 2020년 3월 말까지 아동수당 수혜 경험이 있는 가구가 대상이었다. 약 1조 539억원의 예산이 지자체별 여건에 따라 지역전자화폐(모바일 또는 카드방식), 전자상품권, 종이상품권(지역사랑 상품권 등)의 형태로 지급됐다.

2020년 5월, 우리 정부는 1차 긴급재난지원금을 지원했다. 이 지원금의 대상은 소득·재산과 상관없이 대한민국 국민이라면 모두가 해당되었다. 단, 지급액은 주민등록 세대 기준과 건강보험료 상 가구원 수에 따라 1인 가구에는 40만원, 2인 가구에는 60만원, 3인 가구에는 80만원, 4인 이상 가구에는 100만원으로 차등 지급하였다. 1차 긴급재난지원금은 대상 가구의 세대주가 신청하여 대표로 받았으며 신용카드와 체크카드 충전으로 발급할 수 있도록 하여 수혜와 사용이 편리하도록 했다. 아울러, 거동이 불편한 고령자, 장애인 등에게 찾아가는 서비스를 제공했다. 이는 전화로 상담 접수한 주민에게 직접 방문하여 접수를 돕고 상품권이나 선불카드로 1차 긴급 재난지원금을 받을 수 있도록 한 서비스다.

우리 정부는 2020년 6월, 대상자를 특고·프리랜서, 영세 자영업자, 무급휴직근로자로 한정하고 이들의 생계안정을 위한 긴급 고용안정지원금 150만원을 지급했다. 2019년 12월부터 1월을 기준으로, 특수형태근로종사자와 프리랜서는 노무를 제공하여 소득이 발생한 자 중 고용보험 미가입자, 영세 자영업자는 자영업을 영위하여 매출이 있는 1인 자영업자 및 소상공인 중 고용보험 미가입자가 지원금을 받았다. 그리고 50인 미만 기업의 고용보험에 가입되어있는 자 중 '2020년 3월부터 5월 사이에 무급휴직한 근로자 역시 지원금 수혜 대상이었다. 다만, 지원 대상에 해당하더라도 연 소득 7천만원·연매출 2억원 초과, 가구소득 중위 150% 이하인 사람 중 소득·매출이 증가하거나 유급휴직하였다면 자격 요건을 충족하지 못하여 지원 대상에서 제외되었다.

3) 기타정책

대한민국은 코로나 19 발생 이후 정부 공식 누리집「코로나바이러스감증-19 (COVID-19)」을 운영해왔다. 이곳에서 코로나 19 발생 동향, 뉴스&이슈, 홍보자료&FAQ, 피해지원정책,

사회적 거리두기, 마스크 착용 등에 관한 정보와 자료를 한눈에 파악할 수 있다.

또한, 오프라인 신청만 가능했던 정부 복지 사업을 온라인으로도 신청할 수 있도록 신청 방법을 확대 운영했다. 먼저, 2020년 3월에는 실업급여 민원과 관련해 최초 수급 자격신청자를 제외한 모든 구직급여 수혜자는 유튜브로 '고용센터 취업특강'을 시청하고 고용센터별 제공되는 단기특강의 강의자료를 학습한 후 학습확인서를 제출하면 실업급여 수혜가 가능하도록 했다. 또한, 온라인 전자증명서 발급을 가능하도록 개선하고 발급 수수료를 면제해 국민의 불편을 최소화했다.

아울러, 마스크 공급이 부족했던 2020년 3월 9일부터 공적 마스크 구매 5부제를 시행하고 출생연도 끝자리에 따라 요일별로 구매할 수 있도록 하였다. 같은 해 4월 26일까지는 1인당 2장까지, 4월 27일부터 6월 17일부터는 1인당 3장까지, 그리고 6월 18일부터는 1인당 10장까지 구매할 수 있었으며, 대리구매 역시 점차 확대해서 허용하였다. 이후 마스크 공급이 원활해졌으므로 2020년 7월 12일부터 공적 마스크 공급 제도를 폐지하였다.

2020년 2월 28일, 정부는 「코로나 19 파급영향 최소화와 조기 극복을 위한 민생·경제 종합대책」을 확정, 발표하였다. 여기엔 국민안전을 위한 방역체계 총력 가동 및 시장 안정에 최우선, 민생안정 지원에 총력, 경제활력 모멘텀 사수 등의 내용이 담겼다. 구체적으로, 코로나 19 관련 격리자의 치료를 지원하고 생계비와 유급휴가비를 지원했다. 아울러 마스크 대란이 발생했던 사회적 상황을 고려하여 마스크 생산량의 90%를 국내에 공급하겠다고 밝히며, 공적 채널을 통해 마스크를 하루에 500만 장 이상 공급했다. 특히 폭발적인 확진자 증가세를 보인 대구·청도 지역에는 마스크 700만 장(의료기관·입원환자 200만 장, 취약계층 500만 장)을 무상 공급했다.

그리고 지역경제 어려움을 완화하기 위해 지역사랑 상품권과 온누리 상품권의 발행을 확대하고 지역고용특별지원을 신설함과 더불어 특별고용지원업종을 추가하고 고용 관련 지원금을 확대함으로써 고용안정 강화를 위한 대책을 수립·실행했다. 경제활력을 위해서는 5대 소비쿠폰을 발행하고 대한민국 동행세일을 진행하며 국민의 소비심리 회복을 위한 정책을 펼쳤다.

2020년 02월 25일, 여성가족부에서는 아이돌봄서비스를 신속하고 안전하게 지원하겠다는 정책을 공지했다. 구체적으로, 마스크 착용 등 위생관리 철저·중앙방역대책본부 행동수칙 준수 재공지, 발열이나 호흡기 증상이 있는 유증상자 서비스 연계 즉시 중단, 확진자/접촉자 발생 현황 및 서비스 수요·공급 일일 모니터링 강화, 아이 돌보미에게 마스크, 체온계, 손 소독제 등 구입 지원의 지침을 공지해 아이돌봄서비스의 안전성을 강화했다. 더불어, 기존에는 정부 지원 소득유형 판정 후 연계되었던 아이돌봄서비스 연계를 휴원 또는 휴교 관련 확인서 제출 시 즉시 연계할 수 있도록 개선하였다. 그리고 부족한 인력 충원을 위해 미활동 아이 돌보미 대상 보수교육을 간소화하여 간단한 교육(행동수칙 숙지, 건강, 아동학대 예방 등)을 이수하면 활동할 수 있도록 개선하고 우선 투입하였다(한국건강가정진흥원, 2020.02.26).

대한민국은 2020년 03월 16일부터 가족돌봄휴가자들에게 긴급 자금을 지원한다고 발표했다. 근로자 1명당 최대 5일 25만원까지, 한 부모 근로자는 최대 10일 50만원까지 지원하는 이 정책을 통해 가족의 질병이나 사고, 자녀 양육 등의 이유로 최대 10일까지 무급으로 쓸 수 있는 휴가를 제공했다.

정부는 2020년 3월분부터 3개월~6개월간 사회보험료·전기요금 부담을 완화한다고 발표했다. 보험료 하위 20~40% 국민의 건강보험액을 감면하고 30인 미만 사업자 중 신청자의 고용보험료 납부를 유예하고 연체금을 징수하지 않는 등의 혜택이 포함됐다. 이에 따르면 소상공인 및 한국전력 정액복지 할인대상(기초생활수급자, 차상위, 장애인, 독립·상이 유공자)의 전기요금을 유예하여 납부 가능하도록 했다.

코로나 19 확산으로 매출이 대폭 감소한 사업장에 세정지원을 하였다. 유형별로 대상자가 달랐는데 여행업, 관광업, 공연 관련업, 여객운송업, 음식·숙박업, 병·의원 등 업종이거나 확진 환자 발생 및 확진자 방문지역, 그리고 우한 귀국교민 수용지역 납세자와 사업자라면 직권유형의 대상자가 되었다. 개별 신청 유형의 대상자는 중국교육 중소기업(부품·원자재 수입기업, 수출기업), 중국에 현지를 둔 지사·공장 운영, 현지에서 생산중단으로 경제적 손실이 발생한 국내 생산업체가 포함되었다. 이들을 대상으로 납기 연장, 세무조사 유예의 지원을 했다. 구체적으로는 법인세, 부가가치세 등의 신고·납부 기한과 이미 고지서를 발부한 국세에 대해 납부 기한을 최대 9개월 연장했다. 더불어 중국에 수출하는 중소기업 등에 국세 환급금이 발생하는 경우 앞당겨 지급하였고 체납액의 체납 처분을 최장 1년까지 집행유예했다. 세무조사 유예 방안으로, 피해 상황이 진정될 때까지 세무조사 착수를 유예하였고 납세자에 대한 해명안내가 필요하거나 고지가 예상되는 과세자료처리를 보류함으로써 소상공인을 지원하였다.

외식업체 경영안정을 위해 외식업체 육성자금 금리 0.5%p 인하, 소상공인 경영안정지원금, 특례보증 신규 공급, 식재료 공동구매 조직화 사업 대상자 조기 선정 정책으로 지원하였다. 더불어 외식 소비 활성화를 위해 정부·지자체의 구내식당 의무휴무제를 확대하고 푸드페스타 개최 등으로 전국 외식 소비 분위기를 확산하기 위해 노력했다. 소비자의 외식 기피 심리 확산 방지를 위한 정책으로 외식업소에 코로나 19 대응요령이 담긴 포스터를 배포하고 지자체 보유기금으로 위생관리에 요구되는 방역물품을 구입해 배포하였다.

2. 이스라엘

1) 사회적 거리두기

이스라엘에서는 2020년 3월 19일, 이스라엘 총리는 이스라엘인들에게 식료품·약품 구매를 제외하고는 집에 머물 것을 강제하는 지침을 내렸다. 그리고 2020년 3월 25일 오후 5시부터 일주일 동안 새롭게 시행할 규제를 발표했다. 출퇴근, 결혼식 참석, 식량·의약품 비축, 헌혈, 치료 등 불가피한 상황을 제외하고는 집으로부터 100m가 넘는 지역으로 이동이 금지되었다. 대중교통 서비스도 평소의 25% 수준으로 줄고 택시는 승객 1명만 탑승할 수 있다. 음식업의 경우, 배달은 가능하지만 포장은 금지했다(연합뉴스, 2020.08.25.).

2020년 07월 03일부터는 대부분 실내행사의 참가인원을 20명을 제한하기 시작했으며, 2020년 09월 11일부터 2020년 10월 18일에는 전국 봉쇄령을 내렸다. 이는 총 3단계 중 1단계이며 집으로부터 반경 500m 거리까지만 이동할 수 있고, 식당, 학교, 호텔, 쇼핑몰, 관광지, 상점 등이 문을 닫는다. 슈퍼마켓과 약국 등은 제한적으로 영업이 허용되었고 이후 10월 18일에 해제했다. 그러나 코로나 19가 다시 확산하자 2020년 12월 27일에서 재차 2주간 봉쇄령을 발령하였다.

2) 국민재난지원금

이스라엘에서는 코로나 19로 인하여 국민이 경제적으로 어려움을 겪게 되자 2020년 07월 26일에 '국민재난지원금' 계획을 시행하였다. 18세 이상 국민은 재난지원금으로 750세켈(약 26만4천원)씩 받게 되며, 어린 자녀가 한 명인 부모는 2천세켈(약 70만4천원), 자녀가 두 명인 부모는 2천500세켈(약 88만원), 자녀가 3명 이상인 부모는 3천세켈(약 105만7천원)을 각각 지급받는다. 다만, 연봉이 64만세켈(약 2억2천500만원)을 넘는 국민이나 월급이 3만세켈(약 1천56만원)을 초과하는 고위 공무원은 지급 대상에서 제외했다.

3) 기타정책

이스라엘은 전 세계에서 코로나 백신 접종이 가장 빠른 국가이다. 백신 종류는 화이자와 모더나만 취급하고 있다. 2020년 4월부터 마스크 의무 착용 규제를 시행하기 시작했다가 2021년 4월, 야외 마스크 정책을 공식적으로 폐지하였다가, 같은 해 8월부터는 다시 마스크 착용을 의무화하고 미착용자에게는 벌금을 부과했다. 또한 코로나 19가 다시 유행하자 2020년 6월, 이스라엘은 허락했던 등교령을 번복하고 다시 휴업령을 내리기도 하였다(한국일보, 2021.08.04.).

3. 일본

1) 사회적 거리두기

일본에서는 2021년 01월 27일에 긴급사태선언을 하였는데, 이는 신종 인플루엔자 대응을 목적으로 제정된 특별조치법이다. 일본의 행정 수반인 총리가 감염증의 전국적이고 급속한 감염으로 국민 생활 또는 국민경제에 심각한 영향을 줄 것으로 우려되는 경우 지역 및 기간을 정해서 긴급사태를 선포할 수 있다. 이 법의 특징은 지역 내외 유동인구의 억제 목적인 봉쇄령(lock down)이 아니라 정부와 지자체의 대책에 국민이 자발적으로 '자숙(自肅)'하는 것에 초점을 맞추었다(연합뉴스, 2021.01.07.).

주요 내용을 보면, 음식점 영업시간 단축, 재택근무 확대, 외출자제, 행사 인원 제한 등이다. 구체적인 조치사항을 보면, 음식점 등은 영업시간을 오후 8시(주류제공은 오후 7시)까지 단축, 영업시간을 줄이지 않으면 가게 이름을 공표하고, 정부 시책에 따르면 1일 최대 6만 엔(약 63만원)의 협력금을 제공하며, 긴급사태가 선포된 지역의 주민들은 20시 이후 외출을 자제하도록 요청하고, 대규모 행사(스포츠 경기 등) 시에 감염 예방 조치를 전제로 행사 참석인원을 수용 능력의 50% 이내 또는 5천 명 이하로 제한하며, 기업이 재택근무를 확대해 출근하는 직원을 70%가량 줄이도록 독려하는 것들이다(한겨레, 2021.01.07.).

또한, 지자체에서는 총리가 긴급사태를 선포하면 대상 지역의 광역자치단체장(都道府縣)인 지사의 권한이 강화된다. 구체적으로는 주민들의 이동을 제한하기 위해서 관할지역 주민들의 외출자제를 요청할 수 있다. 많은 사람이 모이는 영업시설(극장, 체육관, 단란주점, 도박장 등)의 영업시간 단축 등으로 사용을 제한하거나 정지를 요청하거나 지시할 수 있다. 긴급사태가 발생한 지역에선 해당 지자체가 건축 관련법의 제한을 받지 않고 임시 의료시설을 개설하는 것이 가능해지고, 필요한 토지나 건물을 소유자 동의를 받지 않고도 사용할 수 있다(연합뉴스, 2021.01.07.).

2) 국민재난지원금

일본 정부는 2020년 2월 13일, 관광업을 포함한 중소기업을 대상으로 이자가 낮은 대출과 보증을 지원하는 내용을 포함한 긴급대책 1탄을 발표했는데, 5,000억 엔 규모로 알려졌다. 아울러, 2020년 3월 10일에는 제1탄 대비 약 3배로 지원금이 확대된 긴급대책 2탄을 발표했는데, 이는 소규모·중소기업의 자금조달 지원을 대폭 확대하는 내용을 포함하고 있다(김승현 외, 2020: 9).

일본에서는 코로나 19로 영업제한조치를 당한 소상공인들을 대상으로 정부 시책을 잘 수행하는 경우 하루에 최대 6만 엔(약 63만원)의 협력금을 제공하였고 2020년 4월부터 코로나 19로 인하여 위축된 여행, 음식, 이벤트 등 산업을 지원하기 위하여 Go to

캠페인 정책들(국토교통성의 Go To Travel, 농림수산성의 Go To Eat, 경제산업성의 Go To 이벤트, Go To 상점가 등)이 제공되었다.

3) 기타정책

일본은 2020년 3월 2일부터 봄방학까지 전국 초·중·고등학교 임시 휴교령을 내렸다. 또한 마스크 착용을 권장하면서 2020년 4월, 아베가 가구당 마스크 2장을 배부하기로 했다(서울신문, 2020.04.03).

2020년 04월 21일 일본이 수정 발표하고 한국은행 동경사무소가 분석한 코로나 19 긴급경제대책에 따르면, 감염확대 방지, 의료시스템 정비 및 치료제 개발에 18,097억엔을 투자한다. 이 중 953억엔은 의료기관에 마스크 등을 우선 배포하는 데 활용하고 792억엔은 유치원, 초등학교, 간호시설 등에 마스크를 배포하는 등 감염 확대 방지책으로 지출할 계획이다. 아울러, 2020년 04월 07일에는 생활에 어려움을 겪는 세대에 40,266억엔을 지급할 예정이었으나, 04월 20일에는 예산을 128,803억엔으로 확대하여 전 국민에게 신규 급부금을 지급하기도 했다.

4. 미국

1) 사회적 거리두기

미국에서는 CDC질병관리국에서 '사회적 거리두기' 지침을 제공하였고 코로나 19 확진자 수가 급증하면서 마스크착용 의무화, 모임 인원 제한, 외출·이동 제한으로 미국인의 활동을 규제했다. 구체적으로, 공공장소 등 거리두기를 유지하기 어려운 경우 마스크 착용을 의무화하며, 위반 시 벌금을 납부하도록 했다. 아울러 모임 인원 제한의 경우, 비거주지 모임 가능 인원을 25인에서 10인으로 축소했다가 나중에는 금지했으며, 거주지 모임은 10인이었다가 나중에는 모임을 금지했다. 외출과 이동도 제한하며, 직장·학교·병원 등 필수적 행위를 제외한 외출을 더불어 주요 국가 간의 이동 역시 제한했다. 2021

년 05월부터는 백신을 접종하면 마스크 착용이나 '사회적 거리두기'가 불필요하다는 지침을 발표하기도 하였다(MBC, 2021.05.14.). 그러나 미국의 코로나 19에 대한 '사회적 거리두기' 대응정책은 사실상 실패한 것으로 평가되는데, 이에 미국에서는 '사회적 거리두기'보다는 백신 개발에 집중하는 정책에 초점을 두었다. 2020년 3월부터 존슨앤존슨(얀센)에 4억 5천 6백만 달러를 지원하는 것을 시작으로 2020년 12월 모더나 41억달러 등 코로나 19 백신 개발에 막대한 재정 지원을 하였다(이석민·장선미, 2021: 217~234)

2) 국민재난지원금

미국에서는 2020년 3월 14일, 전염병에 대응하기 위한 83억달러 규모의 긴급 패키지 관련 안건이 의회를 통과했다. 같은 달인 2021년 3월, 미국 하원은 이르면 3월 10일에 1조 9천억달러(2천100조원) 규모의 코로나 19 지원 예산을 가결하고 바이든 대통령이 서명해 집행할 것이라고 밝혔다. 이러한 예산은 코로나 19로 인한 가계소득 감소폭을 줄이는 데 활용됐으며, 소득 하위 90%인 국민을 대상으로 일정액 또는 자산 및 소득 여건에 따라 차등하여 현금을 지급하였다(박성욱, 2020: 5).

한편, 중소기업청의 경제손실 재해대출을 통해 일시적인 수입감소를 겪은 소기업이 대출 시 1만 달러까지 상환을 면제하였다(배재용, 2021: 7). 더불어 국방물자생산법(DPA)을 발동하여 개인방역장비(Personal protective equipment, PPE), 코로나 19 관련 검사 장비 등을 제공하고 백신접종 시 요구되는 물품의 생산을 활발하게 하며, 유통 및 관리를 강화하였다(Federal Register, 2021.01.26).

3) 기타정책

미국은 지역이동제한조치로, 2020년 1월 31일, 연방 보건복지부 장관이 공중보건 비상사태(Public Health Emergency)를 선포하였고(「공중보건서비스법」 section 319에 근거), 주요국의 여행 및 입국을 제한하였다. 2020년 2월 19일, 일본과 홍콩에 여행경보 1단계를 발령했다(이석민 외 2021: 225). 이는 여행경보 단계 중 가장 낮은 수준이다. 2020년 2월 26일, 한국에 대한 여행경보를 3단계로 상향조정했다. 2020년 3월부터 미국-캐나다 육로와 해로 국경을 통제하기 시작했다. 이는 2020년 8월, 여가 목적 등의 비필수 여행을 허용했던 것을 여행 자제로 바꾸어 권고한 것이며, 양 국가 간의 국경 통제는 2021년 9월 21일까지 지속해서 연장되고 있다.

미국은 마스크착용조치로, 2021년 1월 20일 연방 건물 내 마스크 착용 의무화 조치로 연방정부의 재산에 해당하는 모든 연방 건물에서 마스크를 써야 하며, 직원들은 물리적 거리를 둬야 한다는 내용의 「연방인력 보호 및 마스크 착용 요구에 관한 행정명령」(Executive Order on Protecting Federal Workforce and Requiring Mask-Wearing), 코로나 19 대응에 관한 미국 정부의 조직 및 동원에 관한 내용을 담고 있는 「코로나 19 퇴치에 통합적이고 효과적인 대응을 제공하고 세계 보건과 안전에 대한 리더십을 제공하기 위한 미국 정부의 조직 및 동원에 관한 행정명령」(Executive Order on Organizing and Mobilizing the United States Government to Provide a Unified and Effective Response to Combat COVID-19 and to Provide United States Leadership on Global Health and Security)을 발표했고(이석민 외 2021: 229) 2021년 2월 1일부터 시행되는 대중교통 이용 시 마스크 착용 의무화를 미국 질병통제예방센터(CDC)가 명령했다.

미국은 학교폐쇄조치로, 2020년 3월 15일부터 워싱턴 전역의 학교는 휴교를 시작하고 온라인으로 수업했다. 이후 11월부터 유치원생과 초등학생 순서로 다시 등교하기 시작했다(중앙일보, 2021.04.16.). 2021년 4월, 코로나 백신을 맞은 학생들만 캠퍼스에 복귀하게 하는 미국 대학이 늘었다. 2020년 가을학기를 100% 온라인으로 수강하는 신입 유학생은 입국할 수 없다(조선일보, 2021.04.16.).

5. 정부대응책의 효과

2019년 12월 중국 우한에서 신종 코로나 19 바이러스가 발생하고 전 세계적으로 확산함에 따라, 전 세계의 각 나라에서는 코로나 19 바이러스에 대응하기 위한 정책을 도입하였다. 비록 코로나 19에 대한 조치는 국가의 상황에 따라 다르게 시행되었지만,

일반적으로 널리 시행되는 정책을 정리해보면 '사회적 거리두기'(social distancing), '학교/직장 폐쇄조치'(school/workplace closure), '정부 차원의 경제적 지원'(government financial assistance)의 크게 3가지 유형으로 구분된다.

이에, 코로나 19 대응책의 효과를 확인하는 연구들은 상기 3가지 정책을 중심으로 정책의 효과성을 평가하였으며, 이러한 정책들은 대체로 효과가 있는 것으로 나타났다(Hsiang et al., 2020). 그러나 코로나 19 관련 정책의 효과는 국가 상황, 정책 시행 기간 및 강도 등 정책이 시행되는 맥락에 따라 상이할 수 있으며, 일반적으로 서로 다른 정책들이 동시에 시행되어 개별 정책의 효과를 별개로 평가할 수 없으므로, 정책의 효과성을 일반화하거나 정확하게 판단하기란 어렵다 (Hsiang, Allen, Annan-Phan, Bell, Bolliger, Chong, et al., 2020; Haug, Geyrhofer, Londei, Dervic, Desvars-Larrive, Loreto, et al., 2020).

한편, 선행 연구들에서는 정책의 효과를 평가하기 위해 실제 코로나 19 발생률 데이터와 사망률 데이터를 최대우도확률 기반 모델(Maximum Likelihood Based Model), 베이지안 추정모델(Bayesian Estimator Model)과 같은 다양한 코로나 19 발생 예측모델을 활용하였다(Pozo-Martin et al., 2021; Brauner et al., 2021). 그러나 선행연구에서 정책 평가를 위해 활용한 모델에 관한 부분은 이 연구의 범위를 벗어나기 때문에, 선행연구 부분에서도 연구들에서 사용한 구체적인 모델에 관한 내용은 다루지 않는다.

1) 사회적 거리두기

선행연구에서는 '사회적 거리두기'가 코로나 19 전염병의 확산 통제에 효과적임을 밝혀왔다(Lyu, Wehby, 2020; Haug, Geyrhofer, Londei, Dervic, Desvars-Larrive, Loreto, et al., 2020; Koo et al., 2020; Flaxman et al., 2020; Saki et al., 2021). 예를 들어, 미국의 42개 주와 워싱턴 DC에서 '사회적 거리두기' 정책의 시행이 코로나 19 사망률과 입원율에 미치는 효과를 확인한 Lyu와 Wehby(2020) 연구에서는 '사회적 거리두기'가 시행된 지 거의 42일이 지난 후 일일 사망률 증가율이 6.1% 떨어졌으며, 평균

입원 증가율은 8.4% 떨어졌음을 발견하였다. 또한 해당 연구에서는 '사회적 거리두기' 정책은 정책이 시행된 지 약 3주 후부터 일일 사망률 감소에 영향을 주며, 일일 입원율 감소 효과는 정책 시행의 2주 후부터 나타났다(Koo et al., 2020).

다른 연구들(Brauner, et al., 2021; Liu, Morgenstern, et al., 2021)에서는 '사회적 거리두기'와 같은 억제정책을 취한다면 코로나 19 감염률이 최대 99.3%까지 감소할 수 있다고 추정하였다. 특히 이러한 '사회적 거리두기' 정책은 시행 정도가 강해질수록 코로나 19 감염 증가율이 떨어지는 것으로 나타났으며, 따라서 코로나 19 대응에 효과가 있었다. 구체적으로, 2020년 1월부터 5월까지 41개국에서 시행된 '사회적 거리두기' 정책을 1,000명 이하 모임 제한, 100명 이하 모임 제한, 10명 이하 모임 제한의 세 가지 단계로 구분하여 단계별 코로나 19 대응의 효과를 살펴본 결과, 1,000명 이하의 모임 제한은 23%의 코로나 19 확진자 감소, 100명 이하는 34%, 10명 이하는 42% 감소와 관련 있었다(Brauner, et al., 2021).

Liu 외(2021)의 연구에 따르면, 1,000명 이하의 사적 모임 금지는 코로나 19 감소와 크게 관련이 없지만, 10명 이하의 사적 모임 금지는 코로나 19 감소에 효과적이었다. 한편, 226개의 나라에서 2020년 3월부터 4월까지 시행한 46개의 코로나 19 대응정책의 효과성을 살펴본 Haug 외(2020)의 연구에서는 '사회적 거리두기' 정책이 코로나 19를 감소하는 데 큰 효과가 있지만, '사회적 거리두기'의 일환으로 시행하는 대중교통 제한 정책은 국가나 지역 상황에 따라 정책 효과의 편차가 크다고 주장하면서 정책 시행의 맥락을 고려할 필요성을 시사하였다.

Pozo-Martin, Weishaar, Cristea, Hanefeld, Bahr, Schaade, El Bcheraoui(2021)의 연구에서는 '사회적 거리두기' 정책의 효과가 정책 시행의 기간에 따라 상이함을 보여주었다. 구체적으로, 그들에 따르면, '사회적 거리두기'는 초반에 누적 주간 코로나 19 발생의 일일 증가율을 예측하는 가장 유의미한 예측변수이지만, 시간이 지남에 따라 예측력이 떨어졌다. 이러한 결과에 대해, '사회적 거리두기'가 사람들 간의 모임을 제한하는 정책이기 때문에 시간이 지남에 따라서 대중들이 '사회적 거리두기'를 준수하려는 동기나 의지가 약해지고 따라서 정책의 효과가 떨어질 수 있다고 생각해볼 수 있다(Armitage, et al., 2021).

2) 국민재난지원금

코로나 19 대응의 일환으로 시행되는 정부 지원정책의 효과에 대한 연구들(Martin et al., 2020; Baker et al., 2020; Karger et al., 2020)도 진행되고 있다. '사회적 거리두기'나 학교/직장폐쇄조치와 같은 사회억제정책에 관한 선행연구들에서 코로나 19 전염률에 미치는 효과를 살펴본 것과 달리, 정부 지원정책의 효과에 관한 연구들은 정부 차원에서 시행되는 경제적 지원이 가구의 경제상태 및 소비활동에 미치는 효과를 중심으로 연구되었다. 예를 들어, 샌프란시스코의 가구소득, 저축 및 지역 특성 데이터를 바탕으로 정부의 경제적 지원이 가구에 미치는 효과를 분석한 Martin 외(2020) 연구에서는 미국의 코로나 19 바이러스 지원. 구호 및 경제안정법(이하, CARES Act)에 의한 실업 급여 및 가계 현금 지급이 3개월 시점에서 극빈곤층 가구의 비율을 4%~7%로 떨어뜨릴 것으로 추정하였다.

Baker 외(2020)는 미국의 가구 소비 자료를 활용하여, 가구소득 수준에 따른 '국민재난지원금'의 소비 증진 효과를 살펴보았다. 그 결과, 고소득층 가구와 달리 저소득층 가구에서는 '국민재난지원금' 지급에 따라 초기 10일 내에 많은 소비 활동이 발견되었으며, '국민재난지원금'은 주로 식비, 집세에 사용되거나 부채상환에 사용된 것으로 나타났다. 비슷하게, Karger 외(2020)는 '국민재난지원금'이 지급된 시점을 기준으로 2주 이내에 소비증진 효과가 발생하고 저소득층의 경우 '국민재난지원금'의 68%를 소비하는 데 비해 중산층은 23%만을 소비한다는 결과를 보고하였다. 한편, Chetty 외(2020)은 비록 '국민재난지원금' 지급이 저소득층의 소비증진으로는 이어졌지만, 코로나 19로 인해 경제적 타격을 입은 기업에 대한 소비는 많이 발생하지 않아 일자리 문제해결 및 장기적인 경제성장에는 도움이 되지 않는다고 주장하였다.

Karpman과 Acs(2020)은 코로나 19 시기동안 직장이나 직장 관련 소득을 잃은 성인들을 대상으로 진행된 두 차례의 대규모 종단 설문을 통해 CARES Act시행 이후 가구소득에서의 심리적 변화를 살펴보았다. 결과는, 사람들이 CARES Act을 통해 경제적 지원을 받은 이후 다음 달 주거나 식생활이나 전기요금 문제와 같은 기본욕구 충족을 위한 심리적 부담감이 줄어드는 것으로 나타났다. 비단 정부의 경제적 지원이 가구나 국가의 사회경제적인 부분에서만 영향을 주는 것은 아니다. Haug 외(2020)의 연구에서는 취약층을 대상으로 시행되는 정부의 음식 지원정책이나 '국민재난지원금' 지급 정책은 코로나 19 발병률 감소에 효율적이라는 결과를 통해, 정부의 경제적 지원이 공공보건에도 영향을 미칠 수 있음을 시사하였다.

3) 학교/직장폐쇄

'사회적 거리두기' 정책과 더불어, 다양한 국가들에서 코로나 19의 집단감염을 막기 위해 학교나 직장을 폐쇄하는 조치를 취하고 있다. 먼저, 학교 폐쇄조치가 코로나 19 대응에 효과적인지와 관련하여 혼합된 결과가 나타나고 있다. 비록 학생들의 한 공간에서의 집합 혹은 이동성을 줄이기 위해 학교 폐쇄조치가 시행되었으나, 캐나다와 호주에서는 학교 폐쇄조치가 코로나 19 예방에 큰 효과가 없는 것으로 분석되었다(Abdollahi, Haworth-Brockman, Keynan, Langley, Moghadas., 2020; Chang, Harding, Zachreson, Cliff, Prokopenko, 2020).

학교 폐쇄조치의 효과를 다룬 16개의 선행연구를 검토한 Viner, Russell, Croker, Packer, Ward, Stansfield(2020)의 연구에서는 기존 연구들에서 학교 폐쇄조치의 코로나 19 방지 효과가 전무한 것으로 나왔다고 주장하였으며, 학교 폐쇄조치가 효과가 있다고 밝혀진 경우에서도 코로나 19 대응을 위한 다른 정책들에 비해 매우 미미한 예방 효과(2-4%의 사망률 감소)만이 발견되었다고 결론지었다.

한편, 최근에는 학교폐쇄 조치가 코로나 19 대응에 효과적이라고 주장하는 연구들이 등장하고 있다. 예를 들어, Auger 등(2020)의 연구에서는 미국에서 휴교정책은 코로나 19 발생률 및 사망률을 거의 60%까지 줄여준다고 분석했다. 지역 내 이동제한, 학교 폐쇄조치, 직장폐쇄, 공공활동 금지 등을 포함한 총 13개의 코로나 19 대응책의 효과를 평가한 Liu 외(2021)의 연구에서는 지역 내 이동 제한과 학교 폐쇄조치가 특히 코로나 19 방지에 효과적임이 발견되었으며, 특히 두 정책은 코로나 19 예측을 위한 다양한 모델에서 모두 효과적으로 나타나 강건한 결과가 나왔다.

반면, 직장 폐쇄조치가 코로나 19 감염 예방에 미치는 효과에 대해서는 일관된 결과가 나타났다(Wibbens et al., 2020). Pozo-Martin 외(2021)에서는 직장폐쇄 조치와 학교폐쇄 조치가 모두 초기 코로나 19 감소에 중요한 영향을 미치지만, 코로나 19가 지속될수록 학교폐쇄 조치의 코로나 발병률에 대한 예측력은 떨어지는 대신 직장 폐쇄 정책은 여전히 코로나 19 성장률에 대한 강한 예측 변인이었다. 또한, 직장 폐쇄조치를 업종별로 구분하여 살펴보았을 때, 바, 레스토랑, 나이트클럽과 같이 코로나 19 감염 위험이 높은 업종만을 폐쇄하는 것에 비해 대부분의 직장을 폐쇄하는 것이 코로나 19 방지에 더 효과적인 것으로 나타났다(Brauner et al., 2021).

4) 기타정책

이 외에도, 코로나 19 대응을 위해 전 세계적으로 마스크 착용 권장, 개인 차원에서의 대응조치(personal protective measure) 등 다양한 정책들이 시행되었으며, 개별 정책들의 효과가 평가되었다. 예를 들어, 손 씻기, 마스크 착용과 같은 개인 차원에서의 대응조치는 코로나 19 예방에 도움이 되며, 특히 '사회적 거리두기' 정책과 결합될 때, 코로나 19 예방에 더 강한 효과를 가진다고 밝혀졌다(Teslya, A. et al., 2020). 코로나 19 증상을 보이는 여행객들을 공항에서 스크리닝하여 입국을 금지시키는 정책은 여행객들의 코로나 19 이전 조증상이나 무증상으로 인해 큰 효과가 없는 것으로 나타났다(Gostic, Gomez, Mummah, Kucharski, Lloyd-Smith, 2020).

마스크 착용 권장 정책의 효과는 코로나 19 대응에 미미한 효과를 가지는 것으로 발견되었다. 구체적으로, 비록 마스크 착용은 코로나 19에 확진된 개인이 타인에게 비말을 확산하는 것을 방지한다는 점에서 코로나 19 예방에 도움이 되지만, 마스크쓰기 조치가 강제되지 않고 자발적으로 권장되는 수준에 그친다면 코로나 19 전염 방지에는 크게 도움이 되지 않았다(Betsch, Korn, Sprengholz, Felgendreff, Eitze, Schmid, et al., 2020). 이 외에도, Wibbens 외(2020)에 따르면, 현재 대한민국에서 시행되는 코로나 19 검사를 강제하는 정책이나 동선 추적 및 공개 정책의 효과는 코로나 19 대응을 위한 다른 정책에 비해 코로나 예방에 영향이 적다는 결과가 보고되었다. 또한, 코로나 19 검사 정확도를 높이려는 조치들이나 국제원조를 받거나 제공하는 정부 차원의 행위, 혹은 청결유지와 같은 정책들 또한 큰 효과가 없는 것으로 발견되었다(Haug, et al., 2020).

3절

코로나 19와 배달음식업 및 식생활 변화

1. 코로나 19의 경제적 영향

코로나 19의 영향은 전 세계의 정치·경제·사회·문화 등 모든 영역에 미쳤다고 볼 수 있을 것이다. 그중에서 경제적으로 미친 부정적 영향은 막대하다. '사회적 거리두기' 등으로 직장상실 또는 수입감소로 인한 경제적 위기가 증가하였다(Crew, 2020; Spinelli, et al., 2020: 2). 이에 1929년 미국을 중심으로 발생한 세계적인 경제공항을 의미하는 '대공황(The Great Depression)', 2008년 9월부터 미국에서 시작된 세계 규모의 경제위기를 지칭하는 '대침체(The Great Recession)'에 이어 2020년 중국에서 시작된 '대봉쇄(The Great Luckdown)'라는 표현을 쓰기도 한다. 대봉쇄로 인하여 인명피해보다 더 무서운 것은 경제가 마비되는 현상이다.

세계증시폭락, 안전자산가격상승 등의 경제적 부작용이 발생하고 있다. 영미 및 유럽 등 주요국가에서 경제축소가 발생하였고 심지어 스페인에서는 -15% 경제축소, 2020년 4월 기준 G20 국가의 전년 대비 GDP -11.0%가 되기도 하였다. 더욱이 인도 등 개발도상국에서는 극심한 식량난을 겪기도 하였다. 특히 중국과 경제적으로 밀접한 대한민국, 베트남, 호주, 브라질 등의 경제적 타격이 클 것으로 예상하였다(Bloomberg,

2020.01.31.). 이렇듯, 코로나 19가 전 세계 경제에 미친 부정적인 효과에 관한 결과들은 계속해서 보고되고 있으며, 특히 경제적 타격은 코로나 19 대응정책의 강화에 비례하여 더욱 심각할 것으로 추정된다(Nicola et al., 2020). 예컨대, OECD(2020)는 코로나 19 바이러스 봉쇄조치가 강해질수록 매월 평균 2% 정도의 GDP 성장률 감소를 예상하였다.

2. 코로나 19의 배달음식업 영향

코로나 19로 인한 경제적 손실은 특히 외식산업에서 두드러지게 나타났다(Yang, et al., 2020). 코로나 19 확산 방지를 위해 정부에서 시행하는 '사회적 거리두기' 조치와 음식점 내 식사 가능 인원의 제한으로 인해, 음식점에서 식사하는 손님의 수는 감소하고 있다(Ozil, & Arun, 2020). 그리고 이에 따라, 자영업자들은 음식점 유지에서 경제적 어려움을 경험하고 폐업을 하는 추세이다(Ozil, & Arun, 2020). 미국 레스토랑협의회(NRA; National Restaurant Association)에서 4월 중순 6,500명의 음식점주들을 대상으로 설문조사한 결과에 따르면, 약 60%의 미국 식당들이 음식점을 방문하는 손님의 감소로 인해 폐업한 것으로 보고되었다(Sweet, 2020).

특이한 것은 <그림 1>에서 보는 것처럼 우리나라의 경우 코로나 19 기간 동안 창업과 폐업통계를 보면(행정안전부, 2021), 서울 등 전국에서 창업은 지속적으로 증가하였고 폐업은 오히려 줄어든 것으로 나타났는데, 그 원인은 실직 등으로 인하여 자영업에 뛰어든 사람들이 상당수 음식 관련 업종에 유입되는 집중현상, 그리고 외식업 시장의 변화 때문으로 분석되었다. 통계청(2021)의 발표를 보면, 2020년 음식 서비스 거래액은 약 17조 4천억원에 달하고 이중 모바일 비중이 95%로, 전년 대비 176% 성장하였다. 외식업의 경우 요기요, 배달의 민족 플랫폼에 기반한 창업이 가속화되었고 과거 오피스 밀집지나 대학가 중심이었던 외식업의 창업형태가 코로나 19 이후에는 아파트 등 주거지가 밀집한 지역으로 확산되고 있다. 그런데 국내에서의 외식업은 성공보다는 실패의 빈도가 매우 높음에도 소상공인이나 자영업자들이 외식업에 매달리는 것은 국내의 산업구조 상 다른 산업으로의 진출이 어렵다는 것을 의미하기도 한다.

그림 1. 전국 및 서울시 창폐업 점포수 현황

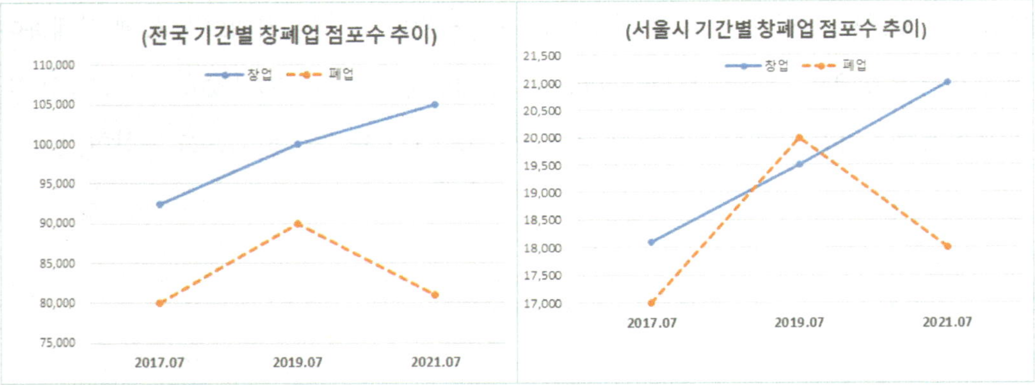

출처 : 행정안전부 인허가 데이터 21년

이규성(2020)은 코로나 19 이후 음식점 매출량의 감소를 코로나 19 감염에 대한 사람들의 우려를 통해 설명하였다. 그에 따르면, 식당에서 음식을 먹기 위해서는 마스크를 벗어야 하기에, 사람들은 식당에서 식사하는 것이 코로나 19 감염 위험성을 높인다는 걱정을 하게 되고 따라서 스스로 음식점 출입을 자제한다. 이와 같이 코로나 19 대응을 위한 정부의 정책과 감염에 대한 사람들의 불안감은 모두 레스토랑 산업에 부정적인 영향을 미쳤다. 특히, 코로나 19 이후 사람들은 음식점을 방문하는 대신 집에서 밥을 먹거나 음식을 배달해서 먹는 횟수가 급격히 증가한 것으로 나타났다. 이영주 외(2021)는 1,188명의 대구 시민들을 대상으로 음식점 방문 횟수와 배달음식 구매 빈도를 분석한 결과, 코로나 19 이후 음식점 방문 횟수는 코로나 19 이전과 비교하면 일주일 평균 2.58회에서 1.79회로 감소했지만, 배달음식 구매횟수는 일주일 평균 1.48회(코로나 19 이전)에서 코로나 19 발생 이후 평균 1.70회로 증가하였다.

3. 코로나 19의 식생활 변화 영향

일반적으로 국가재난 시에는 전체적으로 소비가 감소하는 경향을 보인다(안성희, 2016). 구제역, 조류인플루엔자 등과 같이 식품과 관련된 경우에는 해당 품목의 소비가 줄어들지만(김민아, 2018), 인간을 대상으로 한 감염병의 대유행은 경제, 사회, 심리, 문화 등 모든 영역을 위축시켜서 소비 활동을 줄이게 된다. 나라마다 차이가 있기는 하지만, 소비자들은 코로나 19 기간 동안 특정 물품을 사재기하거나 평소보다 더 많은 구매를 하는 등 비정상적인 구매패턴을 보였다(Laato, et al., 2020; Jeżewska-Zychowicz, et al., 2020).

211명의 핀란드인을 대상으로 설문조사를 수행한 결과, 자발적 자가격리 정도와 비정상적인 소비자 구매 행동 간의 강한 상관관계가 있었다(Laato, et al., 2020). 구체적으로, 해당 연구에서는 사람들이 코로나 19 상황이 심각하다고 인지할수록 자가격리를 하려는 의지가 강해지며, 화장지나 오래 보관할 수 있는 식품들을 사재기하는 식의 비정상적인 소비패턴을 보이는 것으로 나타났다.

1,033명의 폴란드 성인을 대상으로 설문을 수행한 또 다른 연구(Jeżewska-Zychowicz, et al., 2020)에서는 코로나 19 격리조치로 인해 음식이 부족해질 것에 대한 두려움이 평소보다 더 많은 음식구매로 이어진다는 결과(130%로의 증가)가 보고되었다. 특히, 개인 특성에 따라 음식 구매패턴에서 차이가 있었는데, 심리적 불안감이나 스트레스가 높거나 온라인 소스에 대한 신뢰도가 높은 개인일수록 코로나 19 이후 음식을 더 많이 구매하는 것으로 확인되었다.

3,533명을 설문 조사한 이탈리아의 연구(Di Renzo, Gualtieri, Pivari, Soldati, Attinà, Cinelli, & De Lorenzo, 2020)를 보면, 코로나 19로 인하여 '사회적 거리두기' 때문에 외부활동을 억제하고 가정 내 생활을 많이 하면서 몸무게가 증가하는 비율이 48.6%였으나, 건강에 대한 관심이 높아지면서 흡연율은 3.3% 감소하였고 웨이트 트레이닝을 하는 비율이 38.3%로 약간 증가한 것으로 나타났다. 또한 과일과 채소의 소비량이 늘었으며, 건강식으로 알려진 지중해식 식단(육류 등 동물성 지방섭취는 억제하고 해산물, 채소와 곡물, 올리브 오일, 토마토 등의 균형잡힌 음식섭취)을 대부분 유지하는 것으로 나타났다고 한다. 특히 코로나 19 시기에 위생이나 건강 관련해서 지중해식단이 장단기적인 측면에서 도움이 된다(Angelidi, Kokkinos, Katechaki, Ros & Mantzoros, 2021).

코로나 19 이후 소비 패턴에 대한 선행연구의 결과를 종합하면, 코로나 19 이후 사람들이 상황에 대한 심리적 불안감으로 인해 평소보다 더 많은 음식을 구매함을 알 수 있다. 그러나 소비자들이 어떤 음식을 주로 구매하며, 섭취하는지는 국가에 따라 혼합된 결과가 나타났다(Janssen, et al., 2021; Food, 2020).

덴마크, 독일 및 슬로베니아의 3개국에서 '사회적 거리두기'가 처음 시행된 이후 소비패턴에서의 변화를 확인한 연구(Janssen, et al., 2021)에서는 슬로베니아와 덴마크, 독일이 코로나 19에 따른 음식섭취에서 차이가 있음을 발견하였다. 구체적으로, 슬로베니아에서는 과일, 야채, 반조리식품(ready-made meal) 및 알코올의 섭취량이 감소했지만, 덴마크나 독일에서는 봉쇄 기간동안 간식, 반조리식품 및 알코올의 섭취량이 증가한 것으로 나타났다. 해당 연구에서는 슬로베니아의 경우 덴마크나 독일에 비해 코로나 19로 인한 가구 구성원들의 수입 감소가 더 두드러지기 때문에 덜 필수적인 음식들에 대한 소비가 감소했을 수 있다고 논의하였다.

한편, 세 나라 모두에서 냉동 음식, 통조림 식품, 케이크, 비스킷 소비에서 코로나 19 전후로 가장 많은 변화가 있었으며, 빵이나 알코올, 유제품 소비에서는 가장 적은 변화가 있었다고 분석되었다. Food(2020)의 연구에서도 국가별 청소년의 음식 섭취량에 차이가 있음을 확인하였다. 스페인, 이탈리아, 브라질, 콜럼비아, 칠레의 총 5개국에서 820명의 코로나 19 전후 청소년들의 영양 상태와 신체적 활동의 변화를 분석한 결과, 스페인과 이탈리아에서는 코로나 19 이전에 비해 과일 섭취량이, 스페인, 브라질과 칠레에서는 야채 섭취량이 증가한 반면 콜롬비아에서는 과일 및 야채 섭취율이 낮아진 것으로 나타났다. 반면, 대체로 5개국에서 청소년들의 설탕 섭취율이 증가하였다. 해당 연구에서는 자가격리로 인해 청소년들이 경험한 높은 스트레스 및 단조로움 정도가 달달한 음식 섭취로 이어졌다고 논의하였다.

동일 국가 내에서도 코로나 19 이후 식생활의 변화가 관찰되었다(Poelman, et al., 2021; CREA, 2020; DeBroff, 2020). 이탈리아에서 진행한 CREA(2020) 연구에 따르면, 설문조사 응답자들은 코로나 19 이후 채소(33%), 과일(29%), 콩류(26.5%) 및 엑스트라 버진 오일(21.5%)과 같이 건강한 음식 및 음료에 대한 소비가 증가했지만, 동시에 코로나 19 이전에 비해 당류(44.5%)와 와인(16%)의 섭취 또한 증가했다고 응답했다. 이와 비슷하게, 630명의 설문 응답자를 대상으로 실시한 설문조사(DeBroff, 2020)에 따르면, 코로나 19 이전에 비해 코로나 19 이후 과일(43%), 야채(42%), 단백질이 포함된 음식(30%)의 섭취량이 증가하는 등, 응답자들은 코로나 19 이후 건강한 식생활습관을 가지게 되었다고 보고하였다. 또한 39%의 응답자가 이전에 비해 더욱 균형있는 아침식사 시간을 가지게 되었으며, 건강해졌다고 말했다. 반면, 다수의 응답자로부터 건강하지 않은 식생활에 대한 결과들도 보고되었다. 구체적으로, 47%의 응답자들은 코로나 19 이전에 비해 코로나 19 이후 더욱 많은 간식을 섭취하게 되었으며, 24%는 야채나 과일을 덜 먹었으며, 19%는 단백질을 덜 섭취했다고 응답했다.

이렇듯, 선행연구에서는 동일 국가 내에서도 개인에 따라 혼합된 식생활 변화를 보고해왔다. 이와 관련하여, Poelman 외(2021)의 연구에서는 개인의 인구통계학적 차이가 코로나 19로 인한 음식 소비 및 섭취변화에 영향을 줄 수 있다고 설명한다. 네덜란드 성인 1,030명을 대상으로 5주간의 봉쇄조치가 개인의 식생활 및 음식 소비에 미치는 효과를 측정한 결과, 개인의 몸무게가 많이 나가거나 고학력자일수록 지역 봉쇄(lock down)으로 인해 건강하지 않은 음식을 섭취할 확률이 높았다. 또한 고연령층에서는 코로나 19로 인한 식생활의 유의미한 변화가 나타나지 않았지만, 젊은 층에서는 개인에 따라 식생활에서의 변동이 큰 것으로 확인되었다.

Sidor 외(2020)의 연구에서는 코로나 19 이후 알코올 섭취량이 14.6% 증가하였으며, 이러한 결과는 특히 알코올 중독자들의 경우 더 강하게 나타났다는 결과를 보고하였다. 이 외에도, 성별, 엄마의 교육수준 및 평소에 식사하는 동안 TV를 시청하는지 등의 개인 특성이 코로나 19 이후 식생활 변화에 유의미한 영향을 주는 것으로 밝혀졌다(Food, 2020). 구체적으로, 여성은 남성에 비해 코로나 19 기간동안 더 많은 과일과 야채를 섭취한 반면, 설탕이 함유된 음료는 덜 섭취하였다. 또한 엄마의 최종학력이 중학교 이상인 경우는 과일과 야채 섭취율이 많았으며, 식사 시간동안 TV를 시청하는 습관은 과일 및 야채 섭취율 감소와 더불어 기름진 음식, 단 음식, 설탕이 함유된 음료 섭취의 증가로 이어진다고 분석되었다.

위에서 소개한 연구들 외에도, 코로나 19로 인한 식생활 변화를 다룬 연구들의 결과를 살펴보면 다음과 같다. Devine(2005)에 따르면, 사람들이 음식 선택 기준은 시간적, 사회적, 역사적 맥락의 변화 속에서 달라진다고 했는데, 실제로 코로나 19로 인해 규칙적인 식사의 필요성이 감소하면서, 코로나 19 이전과 비교하면 코로나 19 이후 사람들의 음식선택 기준, 그리고 음식소비 패턴은 덜 건강하고 불규칙적으로 변하였다. 구체적으로, '사회적 거리두기' 정책이 시행됨에 따라 사람들의 대인관계는 좁아졌으며, 이는 스트레스와 피로감과 같이 심리적으로 부정적인 영향을 미쳤다. 또한, 정부에서 학교나 직장을 폐쇄함에 따라, 기존에 사람들이 학교나 직장에 다니면서 영위했던 규칙적인 식사시간의 개념도 줄어들고, 따라서 불규칙적인 식사의 비중이 증가하였다.

Ammar 외(2020)의 연구에서는 서아시아, 동아프리카, 유럽을 중심으로 코로나 19가 개인의 생활 스타일에 미치는 효과를 확인한 결과, 대체로 국가들에서 폭식, 간식 섭취와 같은 건강하지 않은 식생활 소비패턴이 증가하였으며, 알코올 섭취 수는 감소하였다. 반면, Rodríguez-Pérez 등(2020)은 스페인 성인들의 경우 코로나 19 이후 기름진 음식, 패스트푸드, 육류, 패스트리, 음료 섭취가 감소하였으며, 올리브 오일, 야채, 시금치, 과일 섭취가 증가한 것을 확인하면서, 코로나 19 이전에 비해 코로나 19 이후 건강한 식생활이 발견되었다고 결론지었다.

최근 국내에서도 코로나 19 이후 식생활 변화에 관한 연구가 있는데(정원우, 2021), 이를 보면, 코로나 19로 인하여 사회활동이 제한되고 심리적 불안감이 높을수록 외식의 빈도는 줄어들고 배달음식업이 증가하였으며, HMR(Home Meal Replacement)과 같은 가정 대용식 및 건강기능 식품의 수요도 증가한 것으로 나타났다.

현재까지 코로나 19와 식생활의 관계를 다룬 많은 연구들은 분석을 위해 설문조사를 사용했다. 그러나 설문조사 응답자들은 왜곡된 기억이나 긴 설문문항으로 인한 지루함 등의 다양한 이유에 의해 정직하고 정확한 답변을 제공하지 않을 수 있다. 예를 들어, 2,706명의 사우디아라비아 성인을 대상으로 코로나 전후 식생활 변화 탐구를 위해 설문조사를 수행한 Alhusseni와 Alqahtani(2020) 연구에서는 설문조사 응답자들이 본인의 식생활을 제대로 인지하지 못한다는 결과가 나타났다. 구체적으로, 해당 연구에서 약 80%의 참가자들은 본인의 식생활을 평가하는 문항('전반적으로 당신의 식습관이 건강해졌나요?')에서 코로나 19 이후 좋은 음식습관을 가지게 되었다고 응답하였지만, 실제 이전에 비해 더 많은 양의 음식을 섭취하며, 특히 설탕과 탄수화물 섭취량이 증가하였다는 응답결과가 나타났다. 이러한 결과에 대해 연구진들은 사람들이 집에서 요리한 빈도가 증가함에 따라 그들이 좋은 음식습관을 가지게 되었다고 착각했을 것이라 논의하면서, 설문조사 결과가 부정확할 수 있다는 가능성을 시사하였다.

일부 연구들에서는 설문조사의 문제점을 극복하기 위해 빅데이터 분석방법을 활용하여 코로나 19가 개인의 식생활에 미치는 영향을 확인하였다(Mayasari, et al., 2020; Laguna et al., 2020; Jeong et al., 2021; Lee & Choi, 2020). 2019년 6월부터 2020년 4월까지 사람들이 구글에서 검색한 키워드의 빈도분석을 수행한 연구(Mayasari et al., 2020)에서는 '식량안전보장(food security)', '식생활(dietary behaviors)', '외부활동(outdoor-related behavior)', '면역관련 영양/허브/음식(immune-related nutrients/herbs/foods)'의 4가지 주요 키워드에서 코로나 19 전후 유의미한 검색빈도의 변화가 나타났다는 결과가 나왔다.

그 중, '식생활' 키워드에서 '식당(restaurant)' 검색빈도는 코로나 19 전후 시점과 부적 상관(r=-0.731)이 발견되었으며, '배달(delivery)', '포장(take-away)', '배달음식(food-delivery)'의 검색빈도는 각각 0.780, 0.731, 0.693으로 모두 정적 상관이 있는 것으로 나타났다. 또한, 음식에서는 주로 '면역'과 관련된 키워드들이 코로나 19 이후 빈번하게 검색되는 것으로 나타났다(비타민C: r=0.802, 비타민A: r=0.780, 아연: r=0.781, 면역: r=0.739, 비타민E: r=0.707, 마늘: r=0.667, 비타민E: r=0.549, 강황: r=0.545). 이러한 결과는 코로나 19 이후 사람들이 식사를 위해 배달음식 서비스를 사용하거나 포장을 하는 등 생활 스타일이 바뀌었으며, 사람들이 건강에 신경을 쓴다는 사실을 시사한다.

Mayasari 외(2020)의 연구에 확장하여, Laugna 외(2020) 연구에서는 2020년 1월부터 2020년 7월까지 구글, 유튜브 비디오 및 트위터의 세 가지 빅데이터 소스에서 영어나 스페인어로 검색된 식품 관련 키워드의 검색 동향 및 빈도를 분석하였다. 3가지 데이터 소스별로 검색되는 키워드의 특성은 상이하였다. 구글에서 자주 검색된 키워드를 살펴본 결과, 음식 관련 키워드는 코로나 19 발생 이후 지속적이고 빈번하게 검색되었으며, 특히 빵, 치킨, 우유, 밀가루, 과일, 바나나에 대한 검색빈도가 높았다.

식사 장소와 관련된 구글 검색 결과를 살펴보면, 1월과 2월에 식당에 대한 검색량이 급증하였지만 3월부터 식당에 대한 검색빈도는 줄었다. 또한 '배달' 검색량은 3월을 기점으로 증가하기 시작하여 코로나 19 초반보다 3/4배 더 많이 증가하였다. 반면, 유튜브 비디오에서는 주로 코로나 19 전염에 대한 검색이 가장 많았으며, 음식에 대한 검색은 크게 발견되지 않았다. 트위터에 자주 등장한 단어로는 건강 관련 단어(예: 의료), 자가격리 관련 단어(예: 집, 머물기, 사회적 거리두기, 일), 배달, 쇼핑이었다. 종합하면, 코로나 19 직후 배달, 쇼핑, 음식에 대한 키워드 검색이 증가하였으며, 따라서 데이터로도 사람들이 식사를 위해 배달음식과 쇼핑을 많이 한다는 것을 확인할 수 있었다.

Jeong 외(2021)의 연구에서는 '배달의 민족' 매출 데이터와 KB금융거래정보 데이터를 통해 배달음식률에 영향을 주는 요소가 무엇인지 확인하였다. 그 결과, 방송 3사에서 코로나 19 관련 뉴스가 나온 다음 날에 배달음식률과 소비율이 거의 60%에 달하면서, SBS, MBC, KBS의 주요 3사 미디어가 배달음식률에 가장 유의미한 예측변수인 것으로 나타났다. 또한 모바일 미디어와 웹 서핑 또한 배달 어플리케이션의 매출 증가에 대한 주요요인으로 확인되었다. 구체적으로, 네이버 검색 결과에서도 코로나 19 검색의 상대적인 수치가 올라가는 시점에서 배달 매출액과 소비증가가 발견되었다. 이외에도, 또 다른 연구(Lee와 Choi, 2020)에서는 신용카드 매출액 데이터를 사용하여 코로나 19가 지역경제와 상업지역에 미치는 효과를 분석하고 코로나 19 이후 사업매출량이 급감한 것으로 나타났다.

네이버 데이터랩 API를 사용한 코로나 19 이후 국민의 식생활 변화에 대한 보고서를 보면(질병관리청, 2021), 2019년 1월부터 2021년 8월까지 네이버 쇼핑 내 식품 조회수는 '가공식품', '음료', '건강식품', '다이어트식품', '간편조리식'이 상위권을 차지하였다. 구체적으로 코로나 19 이후 가공식품에서는 감염병대유행 시점과 크리스마스 기간에 '즉석밥'과 '간편조리식'의 검색 경향이 가장 높았고 간편조리 식품에서는 '즉석국/즉석탕'에 대한 검색이 감염병 대유행 시점에 급격히 증가하는 것으로 나타났다.

특히 흥미로운 것은 다이어트 식품으로 알려진 '닭가슴살'에 대한 검색이 코로나 19 발병 이전인 2019년 대비 2020년과 2021년에 최소 150%에서 300%이상 증가하였는데<그림 2 참조>, 이는 코로나 19 이후 사람들의 외부활동이 줄어들면서 걷기와 건강생활 실천율은 감소하고 비만율은 증가한 것에 대한 우려가 반영된 것으로 보인다. 이와 함께 체중조절 시도율이 증가한 것은 자신의 몸 상태가 좋지 못하다고 인식하는 비율이 늘었다는 것을 의미한다.

■ 그림 2. 코로나 19 전후 신체 활동량

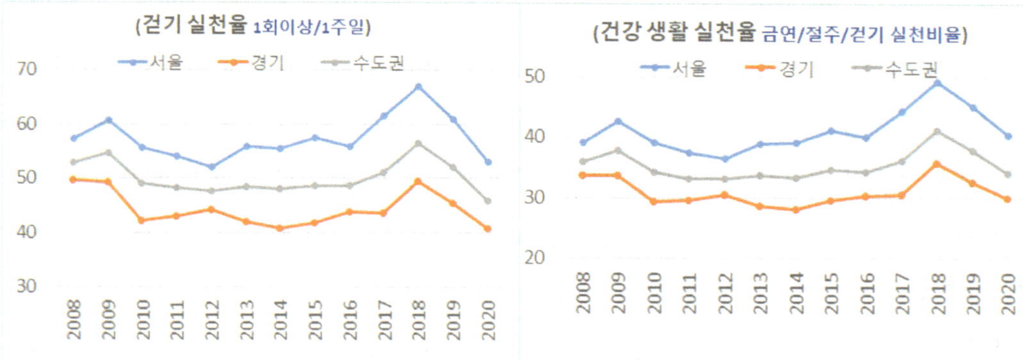

출처 : 질병관리본부의 지역사회건강조사의 데이터 2020년

그리고 코로나 19 이후 국민의 정신건강을 보면<그림 3 참조>, 2019년에 비해 코로나 19가 시작된 시기인 2020년에 스트레스 인지율이 급격히 상승하였고 우울감 경험률의 경우 서울과 경기도는 약간 감소하였으나, 전국 단위로 보았을 때는 증가한 것으로 나타난 것을 알 수 있다. 이러한 코로나 블루는 배달에도 영향을 미친다. 실제로 코로나 19 이후 외출에 대한 불안감 때문에, 일주일간 쌓인 스트레스를 해소하는 금, 토, 일에 친구 등을 만나 외식을 하기보다는 집에서 배달음식을 시켜 먹는 비율이 증가하였다.

■ 그림 3. 코로나 19 전후 정신적 건강

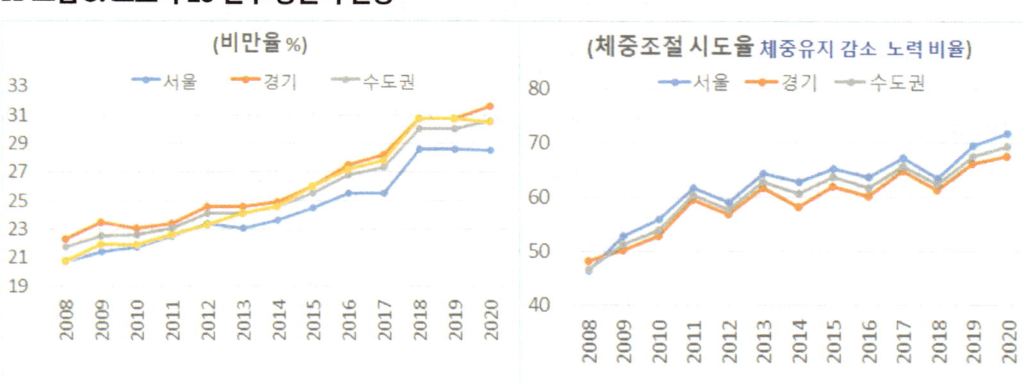

출처 : 질병관리본부의 지역사회건강조사의 데이터 2020년

4. 코로나 19의 배달음식업 경영전략변화

미국에서 코로나 19 이후 식생활 패턴을 탐구한 Baker 외(2020)에 따르면, 2020년 3월 첫 주에는 배달음식 및 온라인 쇼핑에서의 소비증가가 40% 이상, 3월 둘째 주에는 25~30% 정도인 것으로 나타났다. 네덜란드에서도 코로나 19로 인한 배달음식 주문의 증가가 보고되었다(Poelman et al., 2021). 그에 따르면, 590명의 설문 응답자 중 대다수(49.7%)가 지역이동제한(lock down) 기간동안 평소와 같은 수준으로 배달서비스를 이용했지만, 30% 가량의 참가자들(174명)이 평소보다 더 많은 배달서비스를 사용했다고 응답하였다. 특히, 코로나 19 이전에 비해 배달앱을 더 많이 사용했다고 주장한 174명의 응답자들을 대상으로 주문 음식 종류를 살펴본 결과, 약 60%의 응답자(104명)가 지역 내 음식점에서 음식을 주문했다고 응답하면서 사람들이 음식점을 방문하는 대신 배달앱을 통해 음식을 주문하는 경향이 증가했음을 알 수 있었다. 이렇듯, 코로나 19 이후 배달앱 사용은 대체로 증가하는 것으로 확인되었다.

이에 앱을 이용한 음식배달이 증가하면서 배달수수료를 절감하기 위한 경영서비스가 시행되기도 하는데, 즉 배달자는 소비자가 주문한 음식 뿐만 아니라 드라이 클리닝이나 식료품 등도 함께 픽업해주는 서비스 또는 동일한 소비자가 아니더라도 같은 아파트나 근처에 사는 다른 주민들의 주문을 함께 배달해주는 컨시어지(concierge) 서비스[1] 사례들(Rappi, based in Bogotá, Colombia à) 음식 배달과 동시에 RappiFavor나 RappiCash와 같은 다른 분야와 협력하여 배달하는 모델도 나타나고 있다.

또한 배달음식업체들은 비대면 지불수단을 전략적으로 강화하는 움직임을 보였다(Pantano et al., 2020). 팬데믹 이전에는 음식을 전달하면서 대면으로 서명 및 결제받는 방식이 주를 이루었다. 그러나 팬데믹 이후로는 고객들이 배달 파트너들과의 접촉을 꺼리게 되면서, 비대면으로 음식을 전달하고 지불 역시 비대면으로 결제받는 방식이 요구되었다. 예를 들어, 음식배달은 문 앞에 배달 후 배달완료 메시지 또는 사진을

1 컨시어지 서비스(concierge service) ; 컨시어지는 프랑스어 'le comte des cierges'에서 유래된 것으로 촛불관리자라는 의미였다. 현재는 고객의 개인비서처럼 고객이 원하는 정보 및 모든 서비스를 총괄적으로 제공하는 관리인이라는 의미로 사용된다. 예를들면, 배달음식 주문이 있는 경우 배달업체에서 추가적으로 손님이 요구하는 생필품구매나 세탁물 대행 등도 함께 하는 것이다.

고객에게 전송하고, 결제는 앱 상에서 이뤄지는 판매 방식이 급증하였다. 러시아 배달 업체 대형 어그리게이터들은 팬데믹에 대응하여 협업을 통한 사업 영역 확장 전략을 취하였다(KOTRA, 2021). 2020년 기준 시장 점유율 17.6%를 차지하고 있는 Delivery Club, 10.1% Yandex.Delivery는 일용소비재 (FMCG)[2] 소매업체와의 협업을 통해 사업 영역을 확장하였다. 예를 들어, Delivery Club은 모바일 애플리케이션을 이용한 소매 체인업체인 브쿠스빌(Vkusville)이라는 식품매장과의 협업을 통해서 이전보다 더 다양한 품목을 배달하면서 시장을 확장하는 데 성공하였다.

음식점들의 수수료 절감을 위한 경영사례들도 나타나고 있는데, 온라인 배달 업체의 성장에 따라, 수수료 절감을 위한 다양한 전략들이 제안되고 있다. 먼저, 레스토랑의 플랫폼으로서 다크키친(Dark Kitchen)[3]과 같은 새로운 비즈니스 모델이 나타나고 있다. 배달업체 플랫폼은 주로 수수료를 통해 수익을 창출하는데, 대체로 식당이 지불해야 하는 수수료가 비싸기 때문에(일반적으로 음식값의 15~30%를 부담해야 함), 일반 식당들에서는 온라인 배달앱을 사용함에 따라 추가적인 경제적 손실이 발생한다. 반면, 다크키친은 배달 및 테이크 아웃을 전문으로 한 새로운 비즈니스 모델로, 다크키친에서는 손님들이 앉아있을 곳이 없고 오직 배달앱이나 온라인 주문 시스템 상에서 접수된 부분에 대해서만 음식을 준비한다. 다크키친에서는 앉아있을 공간이 제공되지 않기 때문에, 임대료를 줄일 수 있으며 서빙하는 직원도 없기 때문에 인건비도 줄일 수 있다. 따라서, 임대료나 인건비 절감을 통해 온라인 배달 앱에서 요구하는 수수료를 충당할 수 있게 된다. 수수료를 줄이기 위한 또 다른 방안으로는, 매장의 크기를 줄이는 것이다. 예를 들어, 버거킹의 경우 최근에 기존에 비해 매장의 크기를 60% 줄이겠다는 계획을 발표하였으며, '픽업 라커(Pickup lockers)'와 같은 전용 To-go order 기능이나 배달 전용 주차장과 같은 기능으로 대체하겠다고 말했다.

---

2 FMCG(Fast Moving Consumer Goods)란 비누, 세제, 세면용품, 화장품, 양치용품, 면도용품, 종이제품, 플라스틱제품 등과 같이 소비속도가 빠른 비내구성 소비재를 의미한다. 일용소비재라 할 수 있다. 이러한 FMCG는 박리다매, 대량생산, 저가, 높은 회전율 등의 이점이 있다. 소비자 관점에서는 일상생활에서 자주 사용하는 일용물품을 저가로 구매할 수 있는 장점이 있고 판매자 관점에서는 높은 재고 회전율과 광범위한 유통 네트워크를 형성할 수 있는 장점을 갖고 있다.

3 Dark Kitchen은 식사할 수 있는 오프라인 매장없이 온라인으로만 음식 주문을 받고 음식 조리와 배달만 하는 가상의 식당을 말한다. 특히 미국과 유럽에서 급성장하고 있는 새로운 배달음식점 모델로 각광을 받고 있는데, 주문배달만 하기 때문에 적은 운영비로 작은 공간에서 요리가 가능하고 신속한 배달을 할 수 있으며, 배달음식 어플을 이용해 고객의 빅데이터를 경영전략에 활용할 수 있다.

배달음식점의 새로운 전략으로 고스트 키친(Ghost Kitchen)[4]에 대한 소비자들의 인식을 처음으로 측정한 연구를 보면(Moyeenudin et al, 2020), 음식을 주문하는 것이 편리하고 다양한 음식을 먹을 수 있는 개인적 이익이 있으며, 음식쓰레기 양을 줄일 수 있고, 고스트 키친이 많아질수록 사회의 일자리가 늘어나는 사회적 이익이 있다. 그러나 고스트 키친에서 음식을 주문하면 음식의 질이 떨어지는 문제가 있고 음식을 배달되는 시간이 오래 걸리는 문제가 있을 수 있다는 개인적 위험이 있으며, 고스트 키친은 철저한 위생 관리가 안되고 종사자들의 작업환경도 안좋을 것이라는 사회적 위험도 제기된다. 그 결과, 소비자들은 고스트 치킨에 대해 지속적으로 이익과 위험을 개인적, 사회적 측면에서 평가한다는 것을 확인하였으며, 특히 고스트 키친의 위생에 대해 걱정한다는 것을 발견되었고. 고스트 키친은 일반 식당들과 음식 안전과 관련하여 동등 수준의 법률과 감시를 받지만, 소비자들은 이를 모르기 때문에 위생 관련 이슈에 특히 민감하게 반응한다. 따라서, 고스트 키친으로 운영을 할 시에, 소비자들에게 고스트 키친 운영 시 그들에게 제공되는 개인적, 사회적 이익을 홍보할 필요가 있으며, 대중들에게 고스트 키친이 위생 규칙을 따른다는 식의 기존의 고정관념을 없애는 데 집중할 필요가 있다. 또한, 소비자들은 대부분 고스트 키친이라는 새로운 현상을 잘 모르는 것으로 나타났기 때문에, 고스트 키친 자체를 홍보함으로써 고스트 키친에 대한 주관적, 객관적 이해도를 높이는 것이 중요하다.

한편 클라우드 키친(Cloud Kitchen)[5]은 좋은 퀄리티의 음식을 다양한 위치로 배달할 수 있어야 하기에 위치 선정이 중요하다. 또한 클라우드 키친이 성공하기 위해서는, 배달앱을 잘 활용할 줄 알아야 하는데, 왜냐하면 소비자들이 온라인 웹을 통해서 식당의 리뷰를 보기보다는 주로 배달앱 리뷰를 통해 해당 식당을 평가하기 때문이다. 따라서 배달앱에서 브랜딩을 잘하는 것이 특히나 중요해 보인다.

---

4 미국에서 등장한 Ghost Kitchen도 다크키친과 유사한 온라인 플랫폼으로 다양한 브랜드의 음식을 공유주방에서 조리하고 배달하는 방식이다. 이러한 경영전력은 코로나 19 등과 같은 대유행에 대처할 수 있는 경영방식이고 운영비 절감의 효과도 높지만, 오프라인 음식점들에 비하여 사람들의 교류할 수 있는 장소가 줄어든다는 점이 약점으로 대두된다.

5 인도에서 등장한 Cloud Kitchen은 공유주방형태인 고스트키친과 유사하지만, 다른 특성을 가지고 있다. 예를 들면, 유명 브랜드의 레스토랑이 없는 지역에 가상의 지점을 설치하고 공유주방을 이용해 배달하는 서비스이다. 즉 공유주방의 핵심은 주방 설비의 사용이고 배달서비스가 반드시 필요한 것은 아니지만, 클라우드키친은 온라인 전용 업체로 배달판매를 전제로 한다.

또 다른 경영전략으로 엄격한 음식점의 식단 안전과 위생 조치가 시행되었다. 실제로 2020년 3월 초부터 미국 전역에서 '음식 배달이 안전한가'에 대한 검색량이 650% 증가하였다(Google, 2020). 코로나 19로 인한 안전에 대한 소비자들의 우려를 이해하고, 현 코로나 19 상황에 대응하기 위해 중요한 조치를 취하고 있다는 고객 안심시키기가 관건이다. 이러한 경영전략에는 식품안전을 담당하는 또 다른 팀이 있는지라던가, 엄격한 위생관리 절차, 직원들 간의 손 씻기 빈도 증가, 직원들을 위한 교육자료 업데이트 등이 있다. 소비자들에게 철저한 위생관리를 하고 있다는 이미지를 강조하고 해당 내용들을 알려줌으로써, 소비자들은 안전하고 편리한 선택을 통해 그들이 가지는 위생이나 건강에 대한 우려를 줄일 수 있을 것이며, 이러한 식당은 온라인 배달 앱을 통한 주문을 더 많이 받게 될 수 있다.

유통채널을 개편하는 경영전략도 시행되는데, 예를 들면, 맥도날드의 경우 팬데믹 이후 "three Ds"라는 전략을 수립하였다(Fortune, 2020). 이는 drive-thru, delivery, digital이라는 세 가지 고객주문 유통채널에 집중하여 팬데믹 위기에 대응하고자 하는 홀리스틱 전략(holistic strategy)이다. 맥도날드는 팬데믹으로 인해 매장 내 식사제공보다는 배달과 테이크 아웃을 중심으로 판매전략을 수정함으로써, 음식배달 시장영역의 사업에 보다 집중하였다.

한편 단일 요리유형이나 고객계층에 초점을 맞춘 배송 플랫폼이 운영되기도 한다. 예를 들어, 단일 피자전문 온라인 배달업체인 슬라이스(Slice)[6]라던가 외국에 거주하는 중국인을 대상으로 음식배달 서비스를 제공하는 헝그리판다(Hungry Panda)와 같이 단일 요리 유형이나 고객 계층에 초점을 맞춘 전문 배달업이 최근 성장하고 있다.

슬라이스는 단일 요리 유형에 초점을 맞춘 스타트업이다. 피자전문 배달앱으로, 특히 대규모 배달 서비스가 부족한 소규모 도시에서 독립 피자 가게를 위한 온라인 음식 주문 플랫폼이다. 이 아이디어는 미국에서 피자가 451억달러의 가치가 있으며, 75,000개 이상의 식당이 판매를 주도하는 등 인기를 끌고 있지만, 피자 가게의 55%가 독립적

6 슬라이스(Slice)는 뉴욕의 스테이튼 아일랜드에서 피자가게를 하던 Ilir Sela가 설립하였다. 그는 대형피자업체인 도미노, 피자헛 등이 온라인 주문 플랫폼으로 수익을 내는 것을 벤치마칭하여 미국의 동북부의 지역 피자가게를 중심으로 마이피자(MyPizza)라는 피자전문 플랫폼을 개설하여 큰 성공을 거둔 회사이다.

이지만 매출의 41%만 차지한다. 또한, 도미노(Domino's)와 Papa John's 판매의 60%가 디지털 주문인 반면, 모든 유형의 피자가게 중 42%는 여전히 온라인 주문을 제공하지 않는다. 따라서 작은 독립 피자 가게들을 중심으로, 소비자들이 지역 내 근처의 독립 피자에서 주문할 수 있도록 앱을 제공한다.

헝그리판다는 단일 고객 계층에 초점을 맞춘 스타트업이다. 주 타겟층은 중국어를 할 줄 아는 중화권 소비자. 즉, 중국 외의 국가에서 중국인을 위한 음식배달 서비스를 제공하는 스타트업이다. 모바일 앱은 중국어로 이뤄졌고 알리페이나 위챗으로 결제할 수 있게 하는 등 맞춤형 서비스를 제공한다. 음식 카테고리 분류도 마라, 볶음, 쌀국수, 밀크티와 디저트 등 중화권 사람들의 입맛에 맞게 구성하였다.

3
장

코로나 19 전후 정부대응책과 식생활 변화의 관계

1절

연구대상 및 연구방법

1. 연구모형

연구의 목적은 코로나 19 이후 정부대응에 대한 국민의 인식, 그리고 국민의 식생활 변화의 실태를 확인하고자 하는 것이다. 이에 선행연구에서 언급했듯이 코로나 19 대유행 이후 각종 정부 대응책이 시행된 것에 대한 국민의 인식 정도를 알아보고, 코로나 19 대유행으로 국민이 느끼는 경제적, 심리적, 사회적 영향을 살펴보았다. 또한 이러한 영향 등으로 인하여 코로나 19 전후 국민의 식생활(외식, 가정식, 배달음식, 음주 등)에 어떠한 변화가 있었는지 통계적으로 검증하고자 하였다. 이를 시각적으로 설명한 것은 <그림 4>와 같다.

■ 그림 4. 연구모형(1)

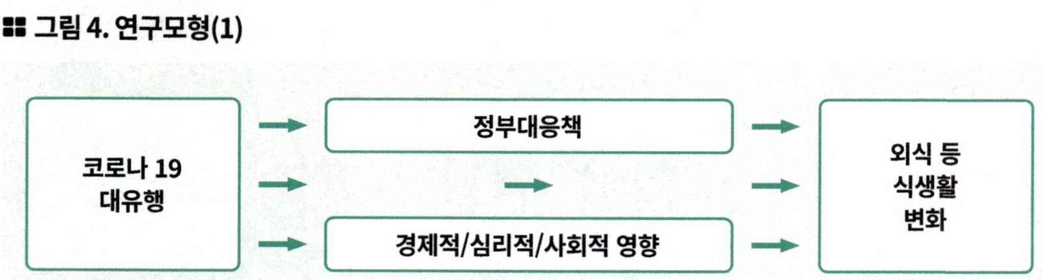

2. 연구가설

1) H 3-1 : 코로나 19 이후 정부 대응책에 대한 인식에 차이가 있을 것이다.

코로나 19에 따른 각국의 정부 대응책은 크게 5가지로 구분된다. '사회적 거리두기', 학교/직장폐쇄, '국민재난지원금', 지역이동제한(lock down), 마스크쓰기 등이다. 대부분의 영미와 유럽의 국가에서는 위 정책들의 효과에 대한 평가가 이루어져 왔다(Flaxman et al, 2020; Pozo-Martin et al., 2021; Haug et al., 2021; Liu et al., 2021). 그런데 이러한 정부 대응책에 대한 국민이 인식하는 제도적 평가와 관련된 연구는 전 세계적으로 아직 이루어지지 않고 있다. 이에 이 연구에서는 우리나라 국민이 코로나 19 대응을 위한 정부 대응책에 대하여 인식에 차이가 있을 것이다라는 가설을 검증하고자 한다.

2) H 3-2 : 코로나 19 전후 외식 등 식생활 변화가 있을 것이다.

코로나 19 이전과 달리 코로나 19 이후 '사회적 거리두기' 등으로 인하여 외부식당 이용의 제한 조치가 이루어졌고 이에 국민의 식생활에 큰 변화가 올 수밖에 없었다. 외식보다는 가정식을 선호하게 되고 가정식도 직접조리보다는 배달음식 섭취빈도가 높아졌다는 것이 선행연구(Yang, et al., 2020; Poelman, et al., 2021; Janssen, et al., 2021; CREA, 2020; DeBroff, 2020)를 통해 확인되었다. 이에 우리나라 국민의 코로나 19 전후 외식 등 식생활 패턴의 변화가 있다는 가설을 검증하고자 한다.

3) H 3-3 : 코로나 19 이후 경제적/심리적/신체적 영향으로 인하여 외식 등 식생활 변화가 있을 것이다.

코로나 19는 전 세계 국민의 삶에 막대한 영향을 미쳤다. 경제적으로는 직장상실, 수입감소, 폐업 등에 따른 국민의 경제적 위기가 증가하였고 (Crew, 2020; Spinelli, et al., 2020: 2; Nicola, et al., 2020), 이는 과거의 대공황이나 대침체의 위기를 능가하는 수준으로 평가되고 있다. 코로나 19는 국민의 심리에도 심각한 부작용을 초래하였다(Taylor, 2019; Wang, et al., 2020; Nearchou, et al., 2020; Bäuerle, et al., 2020). 심지어 '코로나 블루'라는 신조어가 생길 정도이다. 코로나 19는 국민의 신체 건강에도 영향을 미친 것으로 나타난다. 코로나 19로 건강을 우려한 사람들은 건강보조식품이나 건강식사를 선호하는 경향성을 보이기도 하지만, 외부활동이 줄어들면서 건강에 해로운 정도로 몸무게 증감의 변화도 감지된다(Poelman, et al., 2021; CREA, 2020; DeBroff, 2020). 이는 코로나 19로 인하여 식생활이 변화되면서 부수되는 영향이기도 하다. 이에 코로나 19 이후 경제적/심리적/신체적 영향으로 인하여 외식 등 식생활 변화가 있다는 가설을 검증하고자 한다.

3. 자료수집

본 연구를 위해서 수도권에 거주하는 18세 이상의 성인을 대상으로 2021년 9월 1일부터 선행연구를 기초로 하여 설문지 작성을 하고 2021년 10월 1일부터 10월 15일까지 온라인 설문조사[7]를 실시하였다. 온라인 설문조사의 총원은 500명을 기준으로 하여 500번에 해당하는 설문조사가 완료되는 시점에서 종료하였다. 수집된 설문조사 중에서 41명은 불성실한 답변 등으로 판단되어 제외하고 최종 459명의 설문지를 분석대상으로 선정하였다.

4. 연구도구

본 연구의 설문지는 감염병, 식생활 등에 관련된 선행연구(정원우, 2021; 이동훈 외, 2016; 정혜선, 2011)에서 사용했던 내용을 참고하여 코로나 19 상황에 맞게 재구성하였다. 설문지 구성을 보면, 인구통계학적 변수들인 성별, 연령, 결혼상태, 가족 거주 형태, 거주지역, 최종학력, 직업 유형, 월평균 개인소득 등으로 구성하였고, 본 연구 주제인 코로나 19 확진/자가격리 경험 유무, 정부 대응책에 대한 인식, 코로나 19 이후 경제

7 https://docs.google.com/forms/d/1vAbBgh8RskeBJTxmt494Fdjqe96ayYGx90lne_9SQ3I/edit

적/심리적/신체적 영향, 코로나 19 전후 외식 및 가정식 패턴의 변화, 코로나 19 이후 배달음식 및 음주 패턴 등의 변화 등으로 구성되어 있다.

5. 분석방법

본 연구를 위하여 수집된 자료를 분석하는 데 있어, SPSS 23.0 통계패키지 프로그램을 사용하여 기술통계분석을 실시하였고, 인구통계학적 변수별로 정부 대응책에 대한 인식, 경제적/심리적/신체적 영향, 외식, 가정식, 배달음식, 음주 등 패턴의 변화에 대한 차이 및 가설검증을 위하여 카이제곱($\chi2$) 분석을 실시하였다.

2절

연구결과

1. 인구사회적 특성

본 연구표본의 인구사회적 특성을 보면(표 7 참조), 다음과 같다. 성별로는 여자 50.8%, 남자 49.2%로 거의 비슷하게 표집되었고, 연령대별로는 20대 38.3%, 50대 17.9%, 30대 17.0% 등의 순이었으며, 혼인상태는 기혼 51.6%, 미혼 48.4%로 비슷하게 표집되었다. 최종학력은 대학재학 이상이 85.8%, 고졸 이하 14.2%로 표집되었다.

거주지역별로 보면, 경기도 46.0%, 서울시 38.8%, 인천시 15.3%로 우리나라 수도권 인구분포비율과 거의 유사하고, 가족 거주 형태를 보면, 부부 외 자녀, 부모 등과 함께 거주 67.3%, 혼자 14.2% 등의 순이었다. 직업 유형을 보면, 직장인 44.2%, 학생 30.7% 등의 순이었으며, 월평균 개인소득을 보면, 250만원 미만 47.9%, 500만원 이상 27.5% 등의 순이었다. 표집대상자 중에서 코로나 19 확진/자가격리 경험 유무를 보면, 12%가 경험이 있는 것으로 집계되었다. 이는 코로나 19로 인하여 확진이나 자가격리를 직접 경험한 사람들의 비율이 높다는 것을 의미하고, 따라서 경험이 없다고 하더라도 코로나 19로 인한 주변인들의 사회적 활동의 위축이나 심리적 스트레스가 높을 것으로 예상된다. 이는 외국의 선행연구(Elmer, et al., 2020; Rossi, et al., 2020; Brooks, et al., 2020; Yau, et al., 2013)와도 일치하는 결과이다.

표 7. 설문조사대상의 인구사회적 특성

구분		빈도	비율(%)
성별	남자	226	49.2
	여자	233	50.8
연령	20대	176	38.3
	30대	78	17.0
	40대	77	16.8
	50대	82	17.9
	60대	46	10.0
결혼상태	미혼	222	48.4
	기혼	237	51.6
최종학력	고졸 이하	65	14.2
	대학재학 이상	394	85.8
거주지역	서울시	178	38.8
	경기도	211	46.0
	인천시	70	15.3
가족 거주 형태	혼자	65	14.2
	부부	36	7.8
	부부外 자녀, 부모	309	67.3
	기타	49	10.7
직업유형	무직(실업)	24	5.2
	전업주부	52	11.3
	학생	141	30.7
	직장인	203	44.2
	소상공인/자영업자	39	8.5
현재 월평균 개인소득	250만원 미만	220	47.9
	250만원~500만원	113	24.6
	500만원 이상	126	27.5
확진/자가격리 경험	없다	404	88.0
	있다	55	12.0

2. 코로나 19 이후 정부대응에 대한 인식

코로나 19 이후 정부대응에 따른 국민의 인식을 조사한 결과를 보면(표 8 참조), 일상생활에서 가장 어려움을 겪었던 영역은 사회활동 영역 39.9%, 문화활동 영역 30.1% 등의 순으로 일상생활에 어려움이 있었다는 것을 알 수 있는데, 이를 좀 더 자세히 보면, 휴식 및 여가활동(예: 휴식 / 잠 / 사회참여 활동 등) 37.0%, 일상생활 활동(예: 자신의 신체를 돌보기 위한 활동/ 운동/ 집안일 등) 22.2%, 사회적 활동(예: 양육/재정 관리/소비 활동-장보기, 외식 등) 20.9% 등의 순이었다. 이는 코로나 19로 인하여 국민이 외부활동의 제한을 많이 받았다는 것을 의미한다.

코로나 19 이후 정부 대응책 중에서 가장 효과적인 정부 대응책에 대한 인식을 보면, '마스크쓰기' 63.8%, '사회적 거리두기' 16.3%, '국민재난지원금' 8.9%, '학교직장폐쇄' 8.3%, '지역이동봉쇄' 2.6%의 순이었다. 이는 영미와 유럽 등의 선행연구 결과(Flaxman, Mishra, Gandy, et al, 2020; Haug, Geyrhofer, Londei, Dervic, Desvars-Larrive, Loreto, 2020; Brauner, Mindermann, Sharma, Johnston, Salvatier, Gavenčiak, et al, 2021; Liu, Morgenstern, Kelly, Lowe, Munday, Villabona, et al, 2021)와는 다소 차이가 발견되는데, 선행연구에서는 '마스크쓰기'보다는 '지역이동봉쇄(lockdown)', '사회적 거리두기'가 코로나 19에 가장 효과적인 대응책으로 평가되고 있기 때문이다. 그런데 대한민국에서는 외국과는 달리 '지역이동봉쇄'를 시행하지 않았기 때문에 국민이 '지역이동봉쇄'의 효과에 대하여 잘 알 수 없는 점이 고려되어야 하고, 선행연구결과를 고려할 때, 우리나라에서도 '사회적 거리두기', '마스크쓰기' 등을 동시에 시행하였다는 점에서 가장 효과적인 정부 대응책은 '마스크쓰기'보다는 '사회적 거리두기' 였다고 평가될 수 있다. 이는 코로나 19 정부 대응책 중에서 본인을 가장 힘들게 했던 정부 대응책에 대한 국민인식으로, '사회적 거리두기' 47.9%, '학교/직장폐쇄' 24.8%, '마스크쓰기' 22.0%, '국민재난지원금' 5.2%의 순이었다는 점에서도 확인할 수 있다.

표 8. 코로나 19 이후 정부대응에 대한 평가

구분		빈도	비율(%)
코로나 19 이후 생활상 가장 어려웠던 영역	경제적 영역	68	14.8
	사회활동 영역	183	39.9
	심리적 영역	70	15.3
	문화활동 영역	138	30.1
코로나 19로 일상생활에서 가장 영향받은 활동	휴식 및 여가활동	170	37.0
	일상생활활동	102	22.2
	사회적 활동	96	20.9
	교육활동	66	14.4
	직업활동	25	5.4
가장 효과적인 정부대응책에 대한 인식	사회적 거리두기	75	16.3
	국민재난지원금	41	8.9
	학교/직장 폐쇄	38	8.3
	마스크쓰기	293	63.8
	지역이동봉쇄	12	2.6
가장 생활을 힘들게 했던 정부대응책에 대한 인식	사회적 거리두기	220	47.9
	국민재난지원금	24	5.2
	학교/직장 폐쇄	114	24.8
	마스크쓰기	101	22.0

1) 코로나 19 이후 가장 효과적인 정부 대응책

코로나 19 이후 가장 효과적인 정부 대응책에 대하여 인구사회학적 변수와 코로나 19 확진/자가격리유무에 따라 차이가 나는지를 확인하기 위하여 교차분석(cross tab analysis)을 하였다(표 9 참조). 교차분석은 명목 또는 서열 수준의 척도들에 대한 데이터들의 교차빈도를 제공하여 통계적 유의성을 검증하는 기법으로, 본 연구에서는 카이제곱($\chi2$) 교차분석 기법을 사용하였다.

통계적으로 유의한 분석결과를 중심으로 보면, 먼저 연령은 '마스크쓰기'는 모든 연령대에서 가장 효과적인 정부 대응책으로 평가하고 있음을 알 수 있으나, '사회적 거리두기'에서는 60대 > 20대 > 40대 등의 순이었고, '국민재난지원금'에서는 60대 > 20대 > 40대 등의 순이었으며, '학교/직장폐쇄'에서는 30대 > 20대 > 40대 등의 순이고, '지역이동봉쇄'에서는 20대가 다른 연령대에 비하여 가장 효과적인 정부대응책으로 인식하고 있었다. 결혼상태별로 보면, 기혼 및 미혼 모두 마스크쓰기 > 사회적 거리두기 등의 순으로 가장 효과적인 정부대응책이라고 응답했으며, 최종학력별로 보면 고졸 이하는 학교/직장폐쇄 > 마스크쓰기 > 사회적 거리두기 등의 순이었고, 대재이상의 고학력자들은 마스크쓰기 > 사회적 거리두기 > 국민재난지원금 등의 순으로 가장 효과적인 정부 대응책이라고 응답하여 약간의 인식차가 발견된다.

가족거주 형태별로 보면, 1인 가구는 마스크쓰기 > 사회적 거리두기 등의 순이었고 부부의 2인가구는 국민재난지원금 > 사회적 거리두기 > 학교/직장폐쇄 등의 순으로 1인가구와 다른 인식 차를 보여주고 있으며, 부부 등 3인이상 가구에서는 마스크쓰기 > 사회적 거리두기 등의 순이었다. 직업유형별로 보면, 학생, 직장인, 전업주부는 마스크쓰기 > 사회적 거리두기 등의 순이었는데, 소상공인/자영업자는 마스크쓰기 > 국민재난지원금 등의 순이었다는 점에서 직업에 따라 정부대응책의 효과에 대한 평가에 차이가 발견되기도 한다. 코로나 19로 인하여 소상공인/자영업자의 경제적 어려움이 크다는 것을 확인할 수 있는데, 이는 외국의 선행연구(Hailu, 2020; Hobbs, 2020; Aday & Aday, 2020)와도 일치하는 결과이다.

표 9. 코로나 19 이후 가장 효과적인 정부대응책

변수		정부대응책					X^2
		사회적 거리두기	국민재난 지원금	학교/직장 폐쇄	마스크 쓰기	지역이동 봉쇄	
성별	남자	42 (18.6)	25 (11.1)	17 (7.5)	139 (61.5)	3 (1.3)	7.139 .129
	여자	33 (14.2)	16 (6.9)	21 (9.0)	154 (66.1)	9 (3.9)	

<table>
<tr><th colspan="2" rowspan="2">변수</th><th colspan="5">정부대응책</th><th rowspan="2">X²</th></tr>
<tr><th>사회적
거리두기</th><th>국민재난
지원금</th><th>학교/직장
폐쇄</th><th>마스크
쓰기</th><th>지역이동
봉쇄</th></tr>
<tr><td rowspan="5">연령</td><td>20대</td><td>35
(19.9)</td><td>19
(10.8)</td><td>18
(10.2)</td><td>94
(53.4)</td><td>10
(5.7)</td><td rowspan="5">56.340
***</td></tr>
<tr><td>30대</td><td>9
(11.5)</td><td>0
(0.0)</td><td>13
(16.7)</td><td>56
(71.8)</td><td>0
(0.0)</td></tr>
<tr><td>40대</td><td>10
(13.0)</td><td>7
(9.1)</td><td>6
(7.8)</td><td>54
(70.1)</td><td>0
(0.0)</td></tr>
<tr><td>50대</td><td>9
(11.0)</td><td>6
(7.3)</td><td>1
(1.2)</td><td>65
(79.3)</td><td>1
(1.2)</td></tr>
<tr><td>60대</td><td>12
(26.1)</td><td>9
(19.6)</td><td>0
(0.0)</td><td>24
(52.2)</td><td>1
(2.2)</td></tr>
<tr><td rowspan="2">결혼상태</td><td>미혼</td><td>46
(20.7)</td><td>19
(8.6)</td><td>23
(10.4)</td><td>124
(55.9)</td><td>10
(4.5)</td><td rowspan="2">17.530
.002**</td></tr>
<tr><td>기혼</td><td>29
(12.2)</td><td>22
(9.3)</td><td>15
(6.3)</td><td>169
(71.3)</td><td>2
(0.8)</td></tr>
<tr><td rowspan="2">최종학력</td><td>고졸이하</td><td>14
(21.5)</td><td>12
(18.5)</td><td>18
(27.7)</td><td>17
(26.2)</td><td>4
(6.2)</td><td rowspan="2">63.893
***</td></tr>
<tr><td>대재이상</td><td>61
(15.5)</td><td>29
(7.4)</td><td>20
(5.1)</td><td>276
(70.1)</td><td>8
(2.0)</td></tr>
<tr><td rowspan="3">거주지역</td><td>서울시</td><td>31
(17.4)</td><td>11
(6.2)</td><td>14
(7.9)</td><td>118
(66.3)</td><td>4
(2.2)</td><td rowspan="3">12.298
.138</td></tr>
<tr><td>경기도</td><td>37
(17.5)</td><td>18
(8.5)</td><td>18
(8.5)</td><td>130
(61.6)</td><td>8
(3.8)</td></tr>
<tr><td>인천시</td><td>7
(10.0)</td><td>12
(17.1)</td><td>6
(8.6)</td><td>45
(64.3)</td><td>0
(0.0)</td></tr>
<tr><td rowspan="4">가족
거주형태</td><td>혼자</td><td>19
(29.2)</td><td>9
(13.8)</td><td>2
(3.1)</td><td>33
(50.8)</td><td>2
(3.1)</td><td rowspan="4">71.192
***</td></tr>
<tr><td>부부</td><td>9
(25.0)</td><td>12
(33.3)</td><td>8
(22.2)</td><td>7
(19.4)</td><td>0
(0.0)</td></tr>
<tr><td>부부外
자녀, 부모</td><td>38
(12.3)</td><td>19
(6.1)</td><td>23
(7.4)</td><td>219
(70.9)</td><td>10
(3.2)</td></tr>
<tr><td>기타</td><td>9
(18.4)</td><td>1
(2.0)</td><td>5
(10.2)</td><td>34
(69.4)</td><td>0
(0.0)</td></tr>
</table>

<table>
<tr><th colspan="2" rowspan="2">변수</th><th colspan="5">정부대응책</th><th rowspan="2">X^2</th></tr>
<tr><th>사회적 거리두기</th><th>국민재난 지원금</th><th>학교/직장 폐쇄</th><th>마스크 쓰기</th><th>지역이동 봉쇄</th></tr>
<tr><td rowspan="5">직업유형</td><td>무직(실업)</td><td>8
(33.3)</td><td>8
(33.3)</td><td>0
(0.0)</td><td>8
(33.3)</td><td>0
(0.0)</td><td rowspan="5">81.610
***</td></tr>
<tr><td>전업주부</td><td>8
(15.4)</td><td>0
(0.0)</td><td>0
(0.0)</td><td>44
(84.6)</td><td>0
(0.0)</td></tr>
<tr><td>학생</td><td>30
(21.3)</td><td>9
(6.4)</td><td>15
(10.6)</td><td>80
(56.7)</td><td>7
(5.0)</td></tr>
<tr><td>직장인</td><td>26
(12.8)</td><td>12
(5.9)</td><td>23
(11.3)</td><td>137
(67.5)</td><td>5
(2.5)</td></tr>
<tr><td>소상공인 자영업자</td><td>3
(7.7)</td><td>12
(30.8)</td><td>0
(0.0)</td><td>24
(61.5)</td><td>0
(0.0)</td></tr>
<tr><td rowspan="3">월평균 개인소득</td><td>250만원 미만</td><td>39
(17.7)</td><td>21
(9.5)</td><td>17
(7.7)</td><td>133
(60.5)</td><td>10
(4.5)</td><td rowspan="3">19.691
.012*</td></tr>
<tr><td>250-500 만원</td><td>11
(9.7)</td><td>16
(14.2)</td><td>11
(9.7)</td><td>74
(65.5)</td><td>1
(0.9)</td></tr>
<tr><td>500만원 이상</td><td>25
(19.8)</td><td>4
(3.2)</td><td>10
(7.9)</td><td>86
(68.3)</td><td>1
(0.8)</td></tr>
<tr><td rowspan="2">확진/ 자가격리 유무</td><td>없음</td><td>69
(17.1)</td><td>35
(8.7)</td><td>28
(6.9)</td><td>261
(64.6)</td><td>11
(2.7)</td><td rowspan="2">9.268
.055</td></tr>
<tr><td>있음</td><td>6
(10.9)</td><td>6
(10.9)</td><td>10
(18.2)</td><td>32
(58.2)</td><td>1
(1.8)</td></tr>
</table>

*<p.05, **p<.01, ***p<.001

2) 코로나 19 이후 본인의 생활을 가장 힘들게 한 정부대응책

코로나 19 이후 본인의 생활을 가장 힘들게 한 정부대응책에 대한 인식을 교차분석(cross tab analysis)을 통해 확인하였다(표 10 참조).

통계적으로 유의(p<.05)한 분석결과를 중심으로 보면, 30대, 60대이상, 부부, 고졸 이하를 제외하고 인구사회학적 변수들의 대부분에서 '사회적 거리두기'가 본인의 생활을 가장 힘들게 한 정부 대응책이었다는 것을 알 수 있다. 60대이상, 부부, 고졸 이하의

경우에는 '사회적 거리두기'보다 '마스크쓰기'가 본인들의 생활을 가장 힘들게 한 것으로 나타났고, 30대의 경우 '학교/직장폐쇄'가 본인의 생활을 가장 힘들게 한 정책이라고 응답하였다.

구체적으로 성별로 보면, 남성은 사회적 거리두기 > 마스크쓰기 > 학교/직장폐쇄 등의 순이었고 여성은 사회적 거리두기 > 학교/직장폐쇄 > 마스크쓰기 등의 순이었다. 연령대별로 보면, 20대는 사회적 거리두기 > 학교/직장폐쇄 > 마스크쓰기 등의 순이고 30대는 학교/직장폐쇄 > 사회적 거리두기 > 마스크쓰기 등의 순이며, 40대는 사회적 거리두기 > 학교/직장폐쇄 > 마스크쓰기 등의 순이고 50대는 사회적 거리두기 > 마스크쓰기 > 학교/직장폐쇄 등의 순이었으며, 60대 이상은 마스크쓰기 > 사회적 거리두기 > 학교/직장폐쇄 등의 순이었다. 최종학력으로 보면, 고졸 이하는 마스크쓰기 > 사회적 거리두기 > 학교/직장폐쇄 등의 순이고 고학력인 대재 이상은 사회적 거리두기 > 학교/직장폐쇄 > 마스크쓰기 등의 순이었다.

거주지역별로 보면, 서울시는 사회적 거리두기 > 마스크쓰기 > 학교/직장폐쇄 등의 순이고 경기도는 사회적 거리두기 > 학교/직장폐쇄 > 마스크쓰기 등의 순이며, 인천시는 학교/직장폐쇄 > 사회적 거리두기 > 마스크쓰기 등의 순이었다. 가족거주 형태로 보면, 1인 가구인 혼자는 사회적 거리두기 > 마스크쓰기 > 학교/직장폐쇄 등의 순이고 2인 가구인 부부는 마스크쓰기 > 사회적 거리두기 > 학교/직장폐쇄 등의 순이었으며, 3인 이상 가구인 부부 등은 사회적 거리두기 > 학교/직장폐쇄 > 마스크쓰기 등의 순이었다. 직업유형별로 보면, 무직은 사회적 거리두기와 마스크쓰기이고 전업주부는 학교/직장폐쇄 > 마스크쓰기 > 사회적 거리두기 등의 순이었는데, 이는 코로나 19로 인하여 가족 구성원들이 가정에 머무는 시간이 늘어나면서 전업주부의 가사일이 증가했다는 것을 의미한다. 그리고 학생은 사회적 거리두기 > 학교/직장폐쇄 > 마스크쓰기 등의 순이고 직장인은 사회적 거리두기 > 마스크쓰기 > 학교/직장폐쇄 등의 순이며, 소상공인/자영업자는 사회적 거리두기 > 학교/직장폐쇄 등의 순이었는데, 이는 코로나 19로 인하여 사회적 거리두기와 학교/직장폐쇄가 늘어나면서 영업에 큰 손실을 간접적으로 시사한 결과로 보인다. 월 평균 소득을 보면, 250만원 미만의 저소득층은 사회적 거리두기 > 마스크쓰기 > 학교/직장폐쇄 등의 순이었고 250-500만원의 중소득층은 사회적 거리두기 > 학교/직장폐쇄 > 마스크쓰기 등의 순이며, 500만원 이상의 고소득층은 사회적 거리두기 > 학교/직장폐쇄 > 마스크쓰기 등의 순이었다.

표 10. 코로나 19 이후 본인의 생활을 가장 힘들게 한 정부 대응책

변수		정부 대응책				X^2
		사회적 거리두기	국민재난 지원금	학교/직장 폐쇄	마스크 쓰기	
성별	남자	116 (51.3)	14 (6.2)	35 (15.5)	61 (27.0)	22.569 ***
	여자	104 (44.6)	10 (4.3)	79 (33.9)	40 (17.2)	
연령	20대	94 (53.4)	6 (3.4)	40 (22.7)	36 (20.5)	47.621 ***
	30대	20 (25.6)	9 (11.5)	32 (41.0)	17 (21.8)	
	40대	45 (58.4)	4 (5.2)	18 (23.4)	10 (13.0)	
	50대	44 (53.7)	5 (6.1)	16 (19.5)	17 (20.7)	
	60대이상	17 (37.0)	0 (0.0)	8 (17.4)	21 (45.7)	
결혼상태	미혼	116 (52.3)	11 (5.0)	43 (19.4)	52 (23.4)	7.305 .063
	기혼	104 (43.9)	13 (5.5)	71 (30.0)	49 (20.7)	
최종학력	고졸이하	24 (36.9)	2 (3.1)	14 (21.5)	25 (38.5)	12.237 .007**
	대재이상	196 (49.7)	22 (5.6)	100 (25.4)	76 (19.3)	
거주지역	서울시	107 (60.1)	8 (4.5)	26 (14.6)	37 (20.8)	34.775 ***
	경기도	87 (41.2)	16 (7.6)	57 (27.0)	51 (24.2)	

변수		정부 대응책				X^2
		사회적 거리두기	국민재난 지원금	학교/직장 폐쇄	마스크 쓰기	
거주지역	인천시	26 (37.1)	0 (0.0)	31 (44.3)	13 (18.6)	34.775 ***
가족거주 형태	혼자	40 (61.5)	3 (4.6)	8 (12.3)	14 (21.5)	42.867 ***
	부부	15 (41.7)	0 (0.0)	2 (5.6)	19 (52.8)	
	부부外 자녀, 부모	137 (44.3)	21 (6.8)	95 (30.7)	56 (18.1)	
	기타	28 (57.1)	0 (0.0)	9 (18.4)	12 (24.5)	
직업유형	무직(실업)	12 (50.0)	0 (0.0)	0 (0.0)	12 (50.0)	53.416 ***
	전업주부	9 (17.3)	2 (3.8)	27 (51.9)	14 (26.9)	
	학생	68 (48.2)	9 (6.4)	39 (27.7)	25 (17.7)	
	직장인	107 (52.7)	10 (4.9)	39 (19.2)	47 (23.2)	
	소상공인 자영업자	24 (61.5)	3 (7.7)	9 (23.1)	3 (7.7)	
월평균 개인소득	250만원 미만	98 (44.5)	16 (7.3)	48 (21.8)	58 (26.4)	18.561 ***
	250-500 만원	47 (41.6)	3 (2.7)	38 (33.6)	25 (22.1)	
	500만원 이상	75 (59.5)	5 (4.0)	28 (22.2)	18 (14.3)	
확진/ 자가격리 유무	없음	195 (48.3)	23 (5.7)	104 (25.7)	82 (20.3)	7.051 .070
	있음	25 (45.5)	1 (1.8)	10 (18.2)	19 (34.5)	

*<p.05, **p<.01, ***p<.001

3. 코로나 19 전후 식생활 변화

1) 식사 장소 변화

코로나 19 전후로 국민의 식생활 변화를 통계적으로 유의($p<.05$)한 분석결과를 중심으로 보면(표 11 참조), 주로 식사하는 장소는 코로나 19 이전에는 외부식당 > 집 등의 순이었으나 코로나 19 이후에는 집 > 외부식당으로 식사 장소가 변화되었음을 알 수 있다.

표 11. 코로나 19 전후 식사 장소

구분	주로 식사하는 장소				전체(%)	X^2
	집	회사	학교	외부식당		
전	182 (39.7)	36 (7.8)	52 (11.3)	189 (41.2)	459 (100.0)	146.897 ***
후	351 (76.5)	36 (7.8)	9 (2.0)	63 (13.7)	459 (100.0)	

*<p.05, **p<.01, ***p<.001

2) 외식 패턴 변화

코로나 19 전후 외식 패턴의 변화를 보면 다음과 같다(표 12 참조). 먼저 외식 시 주된 동행자는 코로나 19 전후 모두 가족, 친지 > 친구 > 직장동료 등의 순이었으나, 차이점이 있다면 코로나 19 이후 직장동료는 코로나 19 이전 20.3%에서 10.0%로 감소하였고 가족, 친지는 코로나 19 이전 30.9%에서 54.9%로 급증했으며, 친구는 코로나 19 이전 40.5%에서 코로나 19 이후 19.2%로 급감하였다. 또한 혼자 외식하는 비율도 코로나 19 이전에는 1.7%에서 코로나 19 이후 8.7%로 급증하였다. 이는 코로나 19로 인하여 국민이 감염에 대한 불안감이 높아 사회적 관계를 좁히고 가족, 친지 중심으로 대인관계를 하며, 직장동료, 친구들과의 만남을 피했다는 것을 의미한다. 외식횟수를 보면 코로나 19 이전에는 주2-3회가 57.4%로 가장 많았으나 코로나 19 이후에는 주 1회

이하가 63.2%로 크게 늘어났다는 점에서 외식횟수가 유의미하게 감소하였다. 외식음식 종류를 보면, 코로나 19 전후 약 3% 정도 감소(61.2% → 57.7%)가 있기는 하지만 모두 '한식(족발/보쌈, 찜탕, 한식)'을 가장 선호하였다. 반면에 중식은 코로나 19 이전 4.8%에서 코로나 19 이후 11.1%로 2배 이상 증가하였고, 일식(회, 도시락, 돈까스)도 코로나 19 이전 6.8%에서 코로나 19 이후 10.2%, 분식(패스트푸드, 피자, 야식, 분식)도 코로나 19 이후 0.7% 정도 증가하였으나, 양식(치킨, 디저트 아시안, 양식)은 코로나 19 이전 20.9%에서 코로나 19 이후 13.9%로 급감하였다. 이는 감염병 대유행 시 가장 크게 타격을 받는 음식업종은 '양식'이라는 것을 의미한다.

표 12. 코로나 19 전후 외식패턴

구분	외식시 주된 동행자					전체(%)	X^2
	직장 동료	가족 친지	친구	연인	혼자		
전	93 (20.3)	142 (30.9)	186 (40.5)	30 (6.5)	8 (1.7)	459 (100.0)	103.130 ***
후	46 (10.0)	252 (54.9)	88 (19.2)	33 (7.2)	40 (8.7)	459 (100.0)	
구분	외식횟수					전체(%)	X^2
	주1회 이하	주2-3회	주4회 이상				
전	87 (19.0)	264 (57.5)	108 (23.5)			459 (100.0)	187.884 ***
후	290 (63.2)	130 (28.3)	39 (8.5)			459 (100.0)	
구분	외식 음식종류					전체(%)	X^2
	한식	중식	일식	양식	분식		
전	281 (61.2)	22 (4.8)	31 (6.8)	96 (20.9)	29 (6.3)	459 (100.0)	21.819 ***
후	265 (57.7)	51 (11.1)	47 (10.2)	64 (13.9)	32 (7.0)	459 (100.0)	

*<p.05, **p<.01, ***p<.001

3) 가정식패턴 변화

코로나 19 전후 가정식 패턴의 변화를 보면 <표 13 참조>과 같다. 먼저 가정 내 식사횟수는 주 1회 이하의 경우 코로나 19 이전 7.8%에서 3.3%로 감소하고 주2-3회의 경우 41.2%에서 코로나 19 이후 13.9%로 급감하였으나, 주4회 이상의 경우 코로나 19 이전 50.9%에서 코로나 19 이후 82.8%로 급증하였다. 가정내 식사방법을 보면, 코로나 19 이전 89.8%에서 코로나 19 이후 66.0%로 급감하였고 반면에 배달음식은 코로나 19 이전 10.2%에서 코로나 19 이후에는 34.0%로 급증했다. 이는 감염병 대유행은 가정식사 방법의 변화에도 크게 영향을 미치고 특히 직접조리보다 배달음식을 가정식으로 선호하는 경향성이 강화된다는 것을 의미한다. 따라서 위드코로나(With-Corona)의 시대에도 마찬가지로 배달음식이 가정식의 주요한 식사방법으로 정착하고 지속적으로 증가할 것으로 예상한다는 점에서, 가정식을 대체할 수 있는 배달음식 종류개발이 성공적인 경영전략이 될 것으로 보인다.

표 13. 코로나 19 전후 가정식패턴

구분	가정내 식사횟수			전체(%)	X^2
	주1회 이하	주2-3회	주4회 이상		
전	36 (7.8)	189 (41.2)	234 (50.9)	459 (100.0)	118.239 ***
후	15 (3.3)	64 (13.9)	380 (82.8)	459 (100.0)	118.239 ***

구분	가정내 식사방법		전체(%)	X^2
	직접조리	배달음식		
전	412 (89.8)	47 (10.2)	459 (100.0)	75.144 ***
후	303 (66.0)	156 (34.0)	459 (100.0)	75.144 ***

*<p.05, **p<.01, ***p<.001

4) 배달음식 섭취횟수 변화

코로나 19 전후 배달음식 섭취횟수 변화를 보면 <표 14 참조>와 같다. 배달음식 섭취횟수에서 주 1회 이하는 코로나 19 이전 61.2%에서 코로나 19 이후 38.6%로 감소하였으나, 주 4회 이상은 코로나 19 이전 3.9%에서 코로나 19 이후 24.6%로 급증하였다. 이는 배달음식이 일상생활에서 주 식사방법이 되었다는 것을 의미한다. 이는 국내외 선행연구(Mayasari, Ho, Lundy, Skalny, Tinkov, Teng & Chang, 2020; Baker, Farrokhnia, Meyer, Pagel & Yannelis, 2020; Jeong, Moon & Hwang, 2021)와도 일치하는 결과이다.

표 14. 코로나 19 전후 배달음식 섭취횟수

구분	배달음식 섭취횟수			전체(%)	X^2
	주 1회 이하	주2-3회	주 4회 이상		
전	281 (61.2)	160 (34.9)	18 (3.9)	459 (100.0)	94.134 ***
후	177 (38.6)	169 (36.8)	113 (24.6)	459 (100.0)	

*<p.05, **p<.01, ***p<.001

5) 음주패턴 변화

코로나 19 전후 음주패턴의 변화를 보면 <표 15 참조>와 같다. 음주횟수는 코로나 19 이전 주 1회가 52.9%에서 코로나 19 이후 69.9%로 늘어났다는 것은 코로나 19로 인하여 음주횟수가 상당히 줄었다는 것을 의미한다. 음주장소를 보면, 코로나 19 이전에는 외부식당 80.8%에서 코로나 19 이후 29.8%로 급감했고, 반면에 집에서 음주하는 비율을 보면, 코로나 19 이전에는 14.4%에서 코로나 19 이후 66.4%로 급증했다. 이는 '사회적 거리두기' 정부 대응책과 밀접한 관련이 있는데, 이에 따라 국민의 가족 내 활동이 일상화되었음을 알 수 있다. 그런데, 가족 구성원들의 가정 내 생활이 갑자기 증가하면서 전업주부의 가사노동은 더 커졌고 가족 간 갈등으로 인한 가족범죄도 증가한 것으로 나타나는 부작용도 발생하였다.

표 15. 코로나 19 전후 음주패턴

구분	음주횟수			전체(%)	X^2
	주1회 이하	주2-3회	주4회 이상		
전	243 (52.9)	168 (36.6)	48 (10.5)	459 (100.0)	42.037 ***
후	321 (69.9)	81 (17.6)	57 (12.4)	459 (100.0)	
구분	음주장소			전체(%)	X^2
	집	회사/학교	외부식당		
전	66 (14.4)	22 (4.8)	371 (80.8)	459 (100.0)	262.393 ***
후	305 (66.4)	17 (3.7)	137 (29.8)	459 (100.0)	

*<p.05, **p<.01, ***p<.001

6) 음식선택패턴 변화

코로나 19 전후 음식선택패턴의 변화를 보면 <표 16 참조>과 같다. 국민이 음식을 선택할 때 가장 중요한 기준은 코로나 19와 관계없이 당연히 '음식 맛'이다. 그런데, 코로나 19 이전 음식 맛(76.3%) > 건강(6.1%) > 유행 음식(8.3%) 등의 순이었는데, 코로나 19 이후 음식 맛(52.9%) > 건강(15.5%), 가격(15.5%) > 간편식(10.9%) 등의 순이었다. 즉, 코로나 19 이후 음식선택기준으로 건강(6.1% → 15.5%)과 가격(6.8% → 15.5%)이 각 2배 이상 그리고 간편식(2.6% → 10.9%)은 5배 정도 증가하였다는 것, 반면에 음식 맛(76.3% → 52.9%)과 유행음식(8.3% →5.2%)은 감소하였다는 것은 상당히 의미있는 변화라고 판단된다. 따라서 감염병 대유행 시에 배달음식은 음식 맛은 기본이지만, 건강, 가격, 간편식을 고려한 음식개발에 더욱 노력할 필요가 있다. 이는 외국의 선행연구(Ben Hassen, El Bilali, & Allahyari, 2020; Martin-Neuninger & Ruby, 2020)와도 일치하는 결과이다.

표 16. 코로나 19 전후 음식선택패턴

구분	음식선택기준					전체(%)	X^2
	건강	가격	음식맛	유행 음식	간편식		
전	28 (6.1)	31 (6.8)	350 (76.3)	38 (8.3)	12 (2.6)	459 (100.0)	80.122 ***
후	71 (15.5)	71 (15.5)	243 (52.9)	24 (5.2)	50 (10.9)	459 (100.0)	

*<p.05, **p<.01, ***p<.001

7) 건강보조식품·영양제 섭취 변화

코로나 19 전후 건강보조식품·영양제 섭취 변화를 보면 <표 17 참조>과 같다. 코로나 19 이전(m=2.33, sd=.971)보다 코로나 19 이후(m=2.65, sd=.987)에 건강보조식품·영양제 섭취가 더 늘어난 것으로 나타났다. 이는 코로나 19로 인하여 국민이 건강에 대한 관심과 염려가 증가하였다는 것을 의미한다. 이는 외국의 선행연구(Usher, Durkin & Bhullar, 2020; Mayasari, Lundy, Skalny, Tinkov, Teng & Chang, 2020)와도 일치하는 결과이다.

표 17. 코로나 19 전후 건강보조식품·영양제 섭취

구분	N	평균	표준편차	T/F
전	459	2.33	.971	-4.921 ***
후	459	2.65	.987	

*<p.05, **p<.01, ***p<.001

8) 식생활의 규칙성 변화

코로나 19 전후 식생활의 규칙성 변화를 보면 <표 18 참조>과 같다. 코로나 19 이전보다 코로나 19 이후 식사의 규칙성이 불규칙하게 변한 것을 알 수 있으나, 이는 통계적으로 유의(p<.05)하지는 않았다.

표 18. 코로나 19 전후 식생활의 규칙성

구분	N	평균	표준편차	T/F
전	459	2.31	.888	-1.358 .175
후	459	2.39	1.003	

*<p.05, **p<.01, ***p<.001

4. 경제적/심리적/신체적 영향에 따른 식생활 변화

코로나 19 이후 경제적/심리적/신체적 영향을 보면 <표 19 참조>와 같다. 경제적(소득증감) 영향의 평균값은 2.76(sd=0.906)으로 다소 월평균 개인소득이 약간 감소하였고, 심리적(스트레스) 영향의 평균값은 3.44(sd=0.954)로 스트레스는 약간 높아졌으며, 신체적(몸무게건강) 영향의 평균값은 3.03(sd=0.833)으로 건강이 약간 좋지 않을 정도로 몸무게의 변화가 있었다는 것을 알 수 있다. 따라서 코로나 19와 같은 감염병은 경제적, 심리적, 신체적으로 국민에게 부정적으로 영향을 준다는 것을 알 수 있다. 이는 외국의 선행연구(Talevi, Socci, Carai, Carnaghi, Faleri, Trebbi & Pacitti, 2020; McKibbin & Fernando, 2020; Abiad, Arao & Dagli, 2020; Brooks, Webster, Smith, Woodland, Wessely, Greenberg, et al, 2020; Shigemura, Ursano, Morganstein, Kurosawa, Benedek. 2020)와도 일치하는 결과이다.

표 19. 코로나 19 이후 경제적/심리적/신체적 영향

구분		범주	평균	표준편차
경제적	소득증감	1~5	2.76	0.906
심리적	불안감	1~5	3.26	1.047
	스트레스	1~5	3.44	0.954
	두려움	1~5	3.31	1.002
신체적	건강상태	1~5	3.07	0.737
	몸무게건강	1~5	3.03	0.833

*<p.05, **p<.01, ***p<.001

1) 경제적 개인소득과 식생활 변화의 관계

코로나 19 이후 경제적 영향에 따른 식생활 변화를 보면 <표 20 참조>과 같다. 먼저 경제적(개인소득)으로 소득이 감소하면 집(29.9%) 또는 외부식당(23.8%)에서 식사하는 비율이 높고, 개인소득이 증가하면 회사(55.6%)에서 식사하는 비율이 높았다.

외식의 경우 주된 동행자는 소득이 증가하면 직장동료(39.1%)였고 소득이 감소하면 가족, 친지(33.8%) 또는 혼자(32.5%) 외식하는 비율이 높았다. 외식횟수에는 소득증감에 따라 큰 변화가 발견되지 않고 외식하는 음식 종류는 소득이 증가하면 양식(25.1%) > 일식(19.1%) > 한식(13.2%) 등의 순이었고 소득이 감소하면 중식(56.8%) > 분식(43.8%) > 양식(26.5%) 등의 순이었다. 이는 개인소득의 증감이 외식하는 음식 종류 및 섭취의 다양성에도 영향을 준다는 것을 의미한다. 이는 코로나 19가 외식하는 음식 종류의 다양성에도 영향을 준다는 연구(Kundu, Banna, Sayeed, Sultana, Brazendale, Harris & Khan, 2021)에서도 확인이 되는데, 코로나 19로 소득이 줄어듦에 따라서 가구 내 건강식 섭취 접근권이라던가 섭취 음식 다양성이 줄어드는 현상이 나타났다고 한다.

가정식의 경우 횟수는 소득이 증가하면 주 1회 이하(46.7%) 가정식으로 식사를 하고, 소득이 감소하면 주2-3회(29.7%) 정도 가정에서 식사하는 것으로 나타났다. 배달음식 섭취횟수는 소득증감 모두 주 4회 이상이 가장 많았는데, 이는 코로나 19 이전부터 과거 가정식이 일반적이었던 식사방식이 코로나 19 이후 배달음식 섭취비율의 증가가 좀 더 가속화되었고 점차 배달음식 섭취형태로 변화되어가고 있음을 의미한다. 이는 국내외 선행연구(Mayasari, Ho, Lundy, Skalny, Tinkov, Teng & Chang, 2020; Baker, Farrokhnia, Meyer, Pagel & Yannelis, 2020; Jeong, Moon & Hwang, 2021)와도 일치하는 결과이다.

음주횟수는 소득이 증가하면 주 2~3회에서 소득이 감소하면 주 4회 이상으로 늘어나는 것을 알 수 있고, 음주장소가 집인 경우 소득증가 시 11.8%, 소득감소 시 31.8%로 나타났고 음주장소가 회사/학교인 경우 소득증가 시 70.6% 소득감소 시 5.9%였으며, 음주장소가 외부식당인 경우 소득증가 시 11.0%, 소득감소 시 22.6%로 나타났다.

표 20. 경제적 개인소득과 식생활 변화의 관계

변수			월평균 개인소득			전체 (%)	X^2
			약간 or 많이 증가	변화 없음	약간 or 많이 감소		
주로 식사 하는장소		집	31 (8.8)	215 (61.3)	105 (29.9)	351 (100.0)	93.442 ***
		회사	20 (55.6)	10 (27.8)	6 (16.7)	36 (100.0)	
		학교	0 (0.0)	6 (66.7)	3 (33.3)	9 (100.0)	
		외부식당	12 (19.1)	36 (57.1)	15 (23.8)	63 (100.0)	
외식	주된동행자	직장동료	18 (39.1)	24 (52.2)	4 (8.7)	46 (100.0)	92.284 ***
		가족친지	23 (9.1)	144 (57.1)	85 (33.8)	252 (100.0)	
		친구	11 (12.5)	57 (64.8)	20 (22.7)	88 (100.0)	
		연인	7 (21.2)	19 (57.6)	7 (21.2)	33 (100.0)	
		혼자	4 (10.0)	23 (57.5)	13 (32.5)	40 (100.0)	
	횟수횟수횟수	주1회이하	31 (10.7)	178 (61.4)	81 (27.9)	290 (100.0)	18.500 .018*
		주2~3회	23 (17.7)	71 (54.6)	36 (27.8)	130 (100.0)	
		주4회이상	9 (23.1)	18 (46.2)	12 (30.7)	39 (100.0)	
	음식유형	한식	35 (13.2)	165 (62.3)	65 (24.5)	265 (100.0)	88.434 ***
		중식	3 (5.9)	19 (37.3)	29 (56.8)	51 (100.0)	
		일식	9 (19.1)	34 (72.3)	4 (8.6)	47 (100.0)	

변수			월평균 개인소득			전체 (%)	X^2
			약간 or 많이 증가	변화 없음	약간 or 많이 감소		
외식	음식유형	양식	16 (25.1)	31 (48.4)	17 (26.5)	64 (100.0)	88.434 ***
		분식	0 (0.0)	18 (56.3)	14 (43.8)	32 (100.0)	
가정식	횟수	주1회이하	7 (46.7)	8 (53.3)	0 (0.0)	15 (100.0)	46.585 ***
		주2~3회	10 (15.7)	35 (54.7)	19 (29.7)	64 (100.0)	
		주4회이상	46 (12.1)	224 (58.9)	110 (29.0)	380 (100.0)	
	방법	직접조리	36 (11.9)	189 (62.4)	78 (25.8)	303 (100.0)	21.790 ***
		배달음식	27 (17.3)	78 (50.0)	51 (32.7)	156 (100.0)	
배달음식 섭취횟수		주1회이하	21 (11.9)	115 (65.0)	41 (23.2)	177 (100.0)	67.585 ***
		주2~3회	19 (11.3)	102 (60.4)	48 (28.4)	169 (100.0)	
		주4회이상	23 (20.4)	50 (44.2)	40 (35.4)	113 (100.0)	
음주	횟수	주1회이하	33 (10.2)	218 (67.9)	70 (21.8)	321 (100.0)	105.161 ***
		주2~3회	21 (25.9)	38 (46.9)	22 (27.1)	81 (100.0)	
		주4회이상	9 (15.8)	11 (19.3)	37 (64.9)	57 (100.0)	
	장소	집	36 (11.8)	172 (56.4)	97 (31.8)	305 (100.0)	71.837 ***
		회사/학교	12 (70.6)	4 (23.5)	1 (5.9)	17 (100.0)	
		외부식당	15 (11.0)	91 (66.4)	31 (22.6)	137 (100.0)	

*<p.05, **p<.01, ***p<.001

2) 심리적 스트레스와 식생활 변화의 관계

코로나 19 이후 심리적(스트레스) 영향에 따른 식생활 변화를 보면 <표 21 참조>과 같다. 먼저 외식을 보면, 스트레스가 있을 때는 연인(57.6%) > 친구(55.9%) > 가족, 친지(54.8%) 등의 순으로 동행하여 외식하며, 스트레스가 없을 때는 연인(24.3%) > 가족, 친지(21.8%) > 직장동료(15.2%) 등의 순으로 동행하여 외식하는 경향성을 보인다. 외식하는 음식 유형을 보면, 스트레스가 있을 때는 중식(78.4%) > 양식(53.2%) 한식(52.8%) 등의 순으로 외식 음식을 선택하였고 스트레스가 없을 때는 일식(27.7%) > 양식(21.9%), 분식(21.9%) 등의 순으로 외식 음식을 선택하였다.

가정식을 보면, 스트레스가 있을 때는 배달음식(58.9%) > 직접조리(50.5%)의 순으로 식사방법을 선택했으나, 스트레스가 없을 때는 직접조리(19.9%) > 배달음식(14.1%)의 순으로 식사방법을 선택하였다.

배달음식 섭취횟수를 보면, 스트레스가 있을 때는 주 4회 이상(59.3%) >주2-3회(53.3%) 등의 순이었고 스트레스가 없을 때는 주 1회 이하(21.4%) > 주 4회 이상(19.4%) 등의 순이었는데, 코로나 19 이전부터 식사방식이 배달음식이 보편화되기는 했으나, 스트레스가 있을 때는 배달음식 섭취횟수가 더 늘어난다는 것을 확인할 수 있다.

음주횟수를 보면, 스트레스가 있을 때는 주 4회 이상(87.8%)로 가장 많았고 스트레스가 없을 때는 주2-3회(24.7%)로 나타났다. 음주장소를 보면, 스트레스가 있을 때는 집(61.9%)이 가장 많았고 스트레스가 없을 때는 회사/학교(35.3%)로 가장 많았다. 이는 코로나 19 이후 외부활동이 어려워 지면서 스트레스가 있는 경우 외부활동보다는 집에서 주로 음주를 하고, 스트레스가 없는 경우에도 주로 집에서 음주하기는 하지만, 회사/학교, 외부식당에서 음주하는 비율이 약간 더 증가하는 것으로 나타났다. 따라서 국민은 코로나 19로 인한 스트레스를 받으면 대체로 외부활동보다는 가정 내 활동을 더 많이 한다고 볼 수 있다. 이는 외국의 선행연구(Mayasari, Ho, Lundy, Skalny, Tinkov, Teng & Chang, 2020)와도 일치하는 결과이다.

표 21. 심리적 스트레스와 식생활 변화의 관계

변수			심리적 스트레스: 전혀 or 약간 없음	심리적 스트레스: 그저 그렇다	심리적 스트레스: 약간 or 매우 있음	전체 (%)	X^2
주로 식사 하는장소		집	65 (18.6)	93 (26.5)	193 (55.0)	351 (100.0)	20.246 .063
		회사	9 (25.0)	13 (36.1)	14 (38.9)	36 (100.0)	
		학교	0 (0.0)	2 (22.2)	7 (77.8)	9 (100.0)	
		외부식당	8 (12.7)	24 (38.1)	31 (49.2)	63 (100.0)	
외식	주된 동행	직장동료	7 (15.2)	20 (43.5)	19 (41.3)	46 (100.0)	86.324 ***
		가족친지	55 (21.8)	59 (23.4)	138 (54.8)	252 (100.0)	
		친구	7 (7.9)	33 (37.5)	48 (55.5)	88 (100.0)	
		연인	8 (24.3)	6 (18.2)	19 (57.6)	33 (100.0)	
		혼자	5 (12.5)	14 (35.0)	21 (52.5)	40 (100.0)	
	횟수	주1회이하	56 (19.4)	74 (25.5)	160 (55.2)	290 (100.0)	17.055 .030*
		주2~3회	23 (17.7)	44 (33.8)	63 (48.5)	130 (100.0)	
		주4회이상	3 (7.7)	14 (35.9)	22 (56.4)	39 (100.0)	
	음식 유형	한식	41 (15.5)	84 (31.7)	140 (52.8)	265 (100.0)	89.788 ***
		중식	7 (13.7)	4 (7.8)	40 (78.4)	51 (100.0)	
		일식	13 (27.7)	14 (29.8)	20 (42.6)	47 (100.0)	

변수			심리적 스트레스			전체 (%)	X^2
			전혀 or 약간 없음	그저 그렇다	약간 or 매우 있음		
외식	음식유형	양식	14 (21.9)	16 (25.0)	34 (53.2)	64 (100.0)	89.788 ***
		분식	7 (21.9)	14 (43.8)	11 (34.4)	32 (100.0)	
가정식	횟수	주1회이하	0 (0.0)	7 (46.7)	8 (53.4)	15 (100.0)	13.620 .092
		주2~3회	16 (25.1)	19 (29.7)	29 (45.3)	64 (100.0)	
		주4회이상	66 (17.3)	106 (27.9)	208 (54.7)	380 (100.0)	
	방법	직접 조리	60 (19.9)	90 (29.7)	153 (50.5)	303 (100.0)	41.165 ***
		배달음식	22 (14.1)	42 (26.9)	92 (58.9)	156 (100.0)	
배달음식 섭취횟수		주1회이하	38 (21.4)	51 (28.8)	88 (49.7)	177 (100.0)	107.257 ***
		주2~3회	22 (13.1)	57 (33.7)	90 (53.3)	169 (100.0)	
		주4회이상	22 (19.4)	24 (21.2)	67 (59.3)	113 (100.0)	
음주	횟수	주1회이하	62 (19.3)	100 (31.2)	159 (49.5)	321 (100.0)	78.943 ***
		주2~3회	20 (24.7)	25 (30.9)	36 (44.4)	81 (100.0)	
		주4회이상	0 (0.0)	7 (12.3)	50 (87.8)	57 (100.0)	
	장소	집	36 (11.8)	80 (26.2)	189 (61.9)	305 (100.0)	45.707 ***
		회사/학교	6 (35.3)	4 (23.5)	7 (41.2)	17 (100.0)	
		외부식당	40 (29.2)	48 (35.0)	49 (35.7)	137 (100.0)	

*<p.05, **p<.01, ***p<.001

3) 신체적 건강상태와 식생활 변화의 관계

코로나 19 이후 신체적(몸무게 증감의 건강상태) 영향에 따른 식생활 변화를 보면 <표 22 참조>과 같다.

외식을 보면, 건강상태가 좋지 않을 때는 혼자(32.5%) > 가족친지(30.2%) > 친구(23.8%) 등의 순으로 동행하여 외식하며, 건강상태가 좋을 때는 연인(45.4%) > 혼자(45.0%) > 직장동료(28.2%) 등의 순으로 동행하여 외식한다. 외식횟수를 보면, 건강이 좋을 때는 주 1회 이하(27.3%)가 가장 많고 건강이 좋지 않을 때는 주 4회 이상(46.2%)이 가장 많았다. 이는 외식을 많이 할수록 국민건강에 오히려 좋지 않을 수 있음을 시사한다. 외식하는 음식 종류를 보면, 건강이 좋을 때는 중식(52.9%) > 양식(34.4%) > 분식(25.0%) 등의 순이었고 건강이 좋지 않을 때는 일식(40.4%) > 분식(31.3%) > 양식(25.0%) 등의 순이었다. 이는 신체적 건강상태에 따라 외식하는 음식 유형의 변화가 있다는 것을 의미한다.

가정식횟수를 보면, 건강이 좋을 때는 주 1회 이하(33.4%)로 가장 많았고, 건강이 좋지 않을 때는 주2-3회(43.8%)가 가장 많았다. 이는 건강이 좋을 때는 외식을 선호하고 건강이 좋지 않을 때는 가정식을 선호하는 경향이 있다는 것을 의미한다. 가정식 식사방법을 보면, 건강이 좋을 때는 배달음식(37.1%)로 가장 많았고 건강이 좋지 않을 때는 직접조리(28.0%)가 가장 많았다.

배달음식 섭취횟수를 보면, 건강이 좋을 때는 주4회이상(49.2%)가 가장 많았고 건강이 좋지 않을 때는 주1회이하(31.7%)가 가장 많았다.

음주횟수를 보면, 건강이 좋지 않을 때는 주4회이상(49.2%)로 가장 많았고 건강이 좋을 때는 주2-3회(28.4%)로 음주횟수가 감소하는 것으로 나타났다. 음주장소를 보면, 건강이 좋을 때는 회사/학교(35.3%)가 가장 많았고 건강이 좋지 않을 때는 외부식당(29.9%)이 가장 많았다.

표 22. 신체적 건강상태와 식생활 변화의 관계

변수			신체적 건강상태(몸무게증감)			전체 (%)	X^2
			매우 or 약간 건강	별차이 없음	약간 or 매우 불건강		
주로 식사 하는장소		집	78 (22.2)	172 (49.0)	101 (28.7)	351 (100.0)	36.211
		회사	15 (41.6)	19 (52.8)	2 (5.6)	36 (100.0)	
		학교	1 (11.1)	5 (55.6)	3 (33.3)	9 (100.0)	
		외부식당	20 (31.7)	29 (46.0)	14 (22.2)	63 (100.0)	
외식	주된동행	직장동료	13 (28.2)	27 (58.7)	6 (13.0)	46 (100.0)	57.701***
		가족친지	46 (18.3)	130 (51.6)	76 (30.2)	252 (100.0)	
		친구	22 (25.0)	45 (51.1)	21 (23.8)	88 (100.0)	
		연인	15 (45.4)	14 (42.4)	4 (12.1)	33 (100.0)	
		혼자	18 (45.0)	9 (22.5)	13 (32.5)	40 (100.0)	
	횟수	주1회이하	79 (27.3)	134 (46.2)	77 (26.5)	290 (100.0)	17.613***
		주2~3회	29 (22.3)	76 (58.5)	25 (19.2)	130 (100.0)	
		주4회이상	6 (15.4)	15 (38.5)	18 (46.2)	39 (100.0)	
	음식유형	한식	62 (23.4)	150 (56.6)	53 (20.0)	265 (100.0)	108.095***
		중식	7 (13.8)	17 (33.3)	27 (52.9)	51 (100.0)	
		일식	19 (40.4)	18 (38.3)	10 (21.3)	47 (100.0)	

<table>
<tr><th colspan="3" rowspan="2">변수</th><th colspan="3">신체적 건강상태(몸무게증감)</th><th rowspan="2">전체
(%)</th><th rowspan="2">X^2</th></tr>
<tr><th>매우 or 약간
건강</th><th>별차이
없음</th><th>약간 or 매우
불건강</th></tr>
<tr><td rowspan="2">외식</td><td rowspan="2">음식유형</td><td>양식</td><td>16
(25.0)</td><td>26
(40.6)</td><td>22
(34.4)</td><td>64
(100.0)</td><td rowspan="2">108.095
***</td></tr>
<tr><td>분식</td><td>10
(31.3)</td><td>14
(43.8)</td><td>8
(25.0)</td><td>32
(100.0)</td></tr>
<tr><td rowspan="5">가정식</td><td rowspan="3">횟수</td><td>주1회이하</td><td>5
(33.3)</td><td>5
(33.3)</td><td>5
(33.4)</td><td>15
(100.0)</td><td rowspan="3">71.786
***</td></tr>
<tr><td>주2~3회</td><td>28
(43.8)</td><td>26
(40.6)</td><td>10
(15.6)</td><td>64
(100.0)</td></tr>
<tr><td>주4회이상</td><td>81
(21.3)</td><td>194
(51.1)</td><td>105
(27.7)</td><td>380
(100.0)</td></tr>
<tr><td rowspan="2">방법</td><td>직접 조리</td><td>85
(28.0)</td><td>156
(51.5)</td><td>62
(20.4)</td><td>303
(100.0)</td><td rowspan="2">21.294
***</td></tr>
<tr><td>배달음식</td><td>29
(18.6)</td><td>69
(44.2)</td><td>58
(37.1)</td><td>156
(100.0)</td></tr>
<tr><td colspan="2" rowspan="3">배달음식
섭취횟수</td><td>주1회이하</td><td>56
(31.7)</td><td>80
(45.2)</td><td>41
(23.2)</td><td>177
(100.0)</td><td rowspan="3">28.340
***</td></tr>
<tr><td>주2~3회</td><td>37
(21.9)</td><td>98
(58.0)</td><td>34
(20.1)</td><td>169
(100.0)</td></tr>
<tr><td>주4회이상</td><td>21
(18.6)</td><td>47
(41.6)</td><td>45
(39.9)</td><td>113
(100.0)</td></tr>
<tr><td rowspan="6">음주</td><td rowspan="3">횟수</td><td>주1회이하</td><td>81
(25.3)</td><td>172
(53.6)</td><td>68
(21.1)</td><td>321
(100.0)</td><td rowspan="3">71.655
***</td></tr>
<tr><td>주2~3회</td><td>23
(28.4)</td><td>34
(42.0)</td><td>24
(29.6)</td><td>81
(100.0)</td></tr>
<tr><td>주4회이상</td><td>10
(17.5)</td><td>19
(33.3)</td><td>28
(49.2)</td><td>57
(100.0)</td></tr>
<tr><td rowspan="3">장소</td><td>집</td><td>68
(22.3)</td><td>140
(45.9)</td><td>97
(31.8)</td><td>305
(100.0)</td><td rowspan="3">46.945
***</td></tr>
<tr><td>회사/학교</td><td>5
(29.4)</td><td>6
(35.3)</td><td>6
(35.3)</td><td>17
(100.0)</td></tr>
<tr><td>외부식당</td><td>41
(29.9)</td><td>79
(57.7)</td><td>17
(12.4)</td><td>137
(100.0)</td></tr>
</table>

*<p.05, **p<.01, ***p<.001

4 장

코로나 19 전후 정부대응책과 배달음식추세의 관계

1절

연구대상 및 연구방법

1. 연구모형

연구의 목적은 '코로나 19 확진자 수'가 '배달음식 건수'에 미치는 영향을 정부대응 중 '사회적 거리두기', '국민재난지원금'의 매개효과를 검증하는 것이다. 다시 말해 수도권에서 발생한 '코로나 19 확진자 수'로 인하여 정부 대응책인 '사회적 거리두기', '국민재난지원금' 제공의 조치가 '배달음식 건수'에 영향을 줄 것이라고 가정한다. 이 연구에서 정부 대응책 중에서 '사회적 거리두기'와 '국민재난지원금'에 집중한 이유는 두 정책을 우리나라가 지속적으로 가장 잘 수행한 나라로 평가받고 있기 때문이고, 실제로 '사회적 거리두기'는 국민의 경제적 위기를 초래하였으며, 이에 따라 정부에서 '국민재난지원금'을 수차례에 걸쳐 제공했기 때문에 상호 연관성이 높다고 판단했기 때문이다. 이를 시각적으로 설명한 것은 <그림 5>와 같다.

그림 5. 연구모형(2)

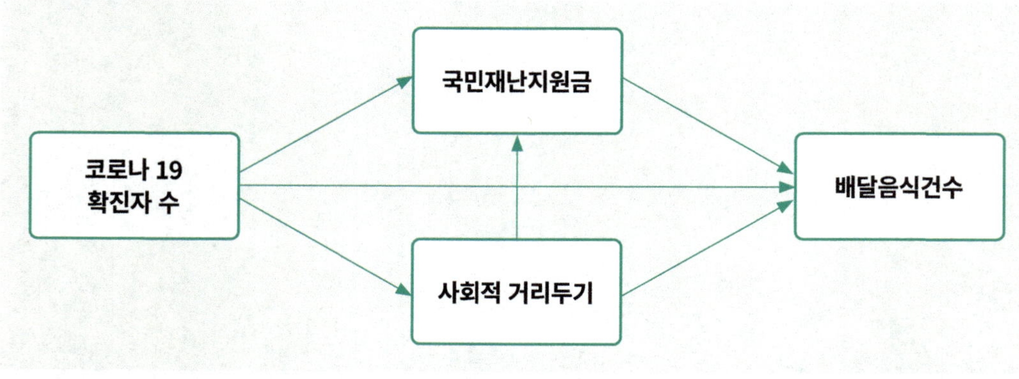

2. 연구가설

1) H 4-1 : '코로나 19 확진자 수'와 '배달음식 건수'의 관계에서 '사회적 거리두기' 의 매개효과가 있을 것이다.

'코로나 19 확진자 수'가 증가하면, 국민의 사회적 활동이 오프라인에서 온라인으로 이동하게 되어 실내에서 음식을 배달하는 건수는 증가할 것이다(Mayasari, et al, 2020; Laugna, et al, 2020). '사회적 거리두기' 단계가 높아질수록 사회적 활동이 제한되기 때문에 실내에서 음식을 배달하는 건수가 증가할 것이다(Janssen, et al., 2021; Ozil, & Arun, 2020; Baker, et al, 2020; Jeżewska-Zychowicz, et al., 2020; Food, 2020; 이영주, 김기진, 2020).

'코로나 19 확진자 수'를 줄이기 위하여 각국 정부는 부득이하게 '사회적 거리두기'를 통하여 국민의 사회적 활동을 제한하는 조치를 시행할 수밖에 없는 바, 코로나 19의 확산을 막기 위한 가장 대표적인 대응책이 '사회적 거리두기'이다(Haug, Geyrhofer, Londei, Dervic, Desvars-Larrive, Loreto, 2020; Brauner, Mindermann, Sharma, Johnston, Salvatier, Gavenčiak, et al, 2021; Liu, Morgenstern, Kelly, Lowe, Munday, Villabona, et al, 2021).

위와 같은 선행연구를 고려할 때, 코로나 19의 상황에 따라 '사회적 거리두기' 단계가 높아지게 되면 사회적 활동이 위축되어 국민은 인간의 생존에 가장 중요한 배달음식에 조달하는 자금으로 주로 사용하게 될 것이다.

2) H 4-2 : '코로나 19 확진자 수'와 '배달음식건수'의 관계에서 '국민재난지원금'의 매개효과가 있을 것이다.

'코로나 19 확진자 수'가 증가하면서 국민의 경제적 활동이 위축되어 실업, 빈곤 등의 문제에 직면하게 되고, 정부에 대한 불만이 높아지면서 정치적으로 '국민재난지원금'을 제공하게 될 것이다(Karger, Rajan, 2020; Chetty et al., 2020; Jeoung et al., 2021). 이러한 선행연구결과를 고려할 때, 코로나 19의 상황에서 위축된 산업 활성화를 위하여 제공되는 '국민재난지원금'은 인간의 생존에 가장 중요한 음식을 조달하는 자금으로 주로 사용하게 될 것이다. 코로나 19의 상황에서 위축된 산업 활성화를 위하여 제공되는 '국민재난지원금'의 소비에 대한 연구가 많지는 않지만, 미국의 경우에는 초기 '국민재난지원금'은 생계와 관련된 식료품이나 임대료 등에 소비가 컸으나 후기 '국민재난지원금'은 대출변제, 저축 등에 더 많이 소비했다는 연구도 있다(중앙일보, 2020.05.19.). 이에 '국민재난지원금'이 위축된 경제를 살리기 위하여 실제로 배달음식업 등의 활성화에 기여하는지 실증적으로 확인해볼 필요가 있다.

3) H 4-3 : '코로나 19 확진자 수'와 '배달음식건수' 관계에서 '국민재난지원금', '사회적 거리두기'의 이중매개효과가 있을 것이다.

코로나 19로 인한 '사회적 거리두기'와 '국민재난지원금'의 관계를 설명하는 선행연구는 발견할 수 없고 동시에 '사회적 거리두기'와 '국민재난지원금'을 함께 지원한 국가들도 많지 않다. 다만, '국민재난지원금'을 제공한 나라들의 경우에는 경제적 위기에 처한 국민의 생계유지를 위하여 '국민재난지원금'을 제공한 것으로, 이는 정치적 판단으로 평가된다. 따라서 코로나 19 대응책인 '사회적 거리두기'의 단계가 높아질수록 사회적 활동이 위축되는 국민을 지원하기 위한 '국민재난지원금'은 더 많이 제공될 것이다. 요약하면, '코로나 19 확진자 수'가 증가하면서 '사회적 거리두기'가 강화되고 이에 경제적 위기를 경험하는 국민에게 제공되는 '국민재난지원금'도 늘어나며, 이는 인간의 생존에 가장 중요한 음식을 조달하는 자금으로 주로 사용하게 될 것이다.

3. 자료수집

본 연구에 사용된 데이터는 배달대행업체인 모아플랫닛(전국 3~4위, 배달대행의 30% 수준)의 2019년 8월 1일부터 2021년 4월 30일까지의 수도권 배달대행 데이터 10,126개를 기반으로, 수도권 지역, 음식업종별(5개), '배달음식건수', '코로나 19 확진자 수', '사회적 거리두기', '국민재난지원금'(국민지원금, 소상공인·자영업자 지원금, 취약계층

지원금)으로 변수를 구성하였다. 이를 통해 코로나 19 발생이후 '사회적 거리두기' 단계와 정부의 '국민재난지원금' 그리고 '배달음식건수'에 미치는 영향을 분석하고자 하였다.

4. 변수의 정의와 측정

1) 독립변수 : 코로나 19 확진자 수

본 연구의 독립변수는 '코로나 19 확진자 수'이다. 이에 보건복지부 질병관리청의 통계를 기초로 2020년 1월부터 2021년 4월까지 일자별로 수도권(서울, 경기, 인천)지역의 '코로나 19 확진자 수' 데이터를 수집하였다.

2) 매개변수

(1) 사회적 거리두기

코로나 19 발생 이후(2020년 1월~) 수도권 확진자 수와 그에 따른 정부의 정책인 '사회적 거리두기', 집합금지, 3단계, 5단계를, 본 연구에서는 0단계에서 5단계까지 나누어 '사회적 거리두기' 가중치를 감안한 단계를 <표 23 참조>와 같이 일자별로 구성하였다. 예를 들면, 0단계는 코로나 19가 발생했으나 정부에서 '사회적 거리두기'를 시행하지 않았던 2020년 1월 26일부터 2020년 3월 21일 까지 의미하며, 그리고 대구 코로나 19 확산사태 이후 2020년 3월 22일부터 시행한 정부의 최초 '사회적 거리두기' 단계는 현재 진행 중인 단계별 거리두기(1~5단계) 중 1단계에 해당되고 전국 확진자가 급격히 증가 싯점인 2020년 4월 8일 이후 정부의 집합금지 명령의 단계는 현시점 3단계에 해당하는 것으로, 가중치를 두어 '사회적 거리두기' 가중치 항목으로 변수를 재구성하였다.

표 23. 사회적 거리두기 단계 가중치 변환

항목	시행일자	주요 내용	단계 (5단계 변환)
정부 미조치 단계	20.01.26 ~20.03.21	- 코로나 19 확진자 수 추이 검토	0단계
'사회적 거리두기' (강화된 거리두기, 생활속 거리두기)	20.03.22~20.06.27	- 실외 활동 제한, 2m 거리두기	1단계
집합 금지	20.04.08~20.04.19	- 유흥시설 영업금지	3단계
3단계 거리두기	20.06.28~20.11.06	- 일일 확진자에 따른 단계 변환 - 공공·민간에 대한 조치 구분 - 재택근무 권고	1→1단계 2→3단계 2.5→3.5단계 3→5단계
5단계 거리두기	20.11.07~21.07.11	- 지역별 상이한 기준 마련 - 더블링에 따른 단계 변화 - 진행 상황에 따른 세분화	1~5단계

* 더블링 : 일주일 기간에 확진자 수 2배 현상

(2) 국민재난지원금

대한민국에서 코로나 19에 대응하기 위하여 국민에게 제공한 재난지원금은 크게 전국민 대상 '국민재난지원금'과 소상공인·자영업자 지원금, 그리고 취약계층 지원금으로 구분된다. 먼저 소상공인·자영업자 지원금은 1차에서 4차 정부의 재난지원금 중 2차~4차까지 소상공인 및 자영업자에 지원된 금액의 중위값을 일자별로 나열하였다. 예를 들면, 2차(20년9월~20년12월) 소상공인·자영업자 지원금의 금액은 100만원~200만원이므로 그 기간동안 소상공인·자영업자 지원금은 150만원으로 측정하여 변수값을 조정하였다. 또한, 전 국민 대상 국민지원금과 취약계층 지원금은 일자별로 정부 정책을 감안하여 '국민재난지원금'(취약계층 지원금 포함) 변수를 입력하였다. 예를 들면, 1차 '국민재난지원금'은(20년5월~8월) 전국민 가구당 100만원 지급 하였고 2차~4차는 취약계층 중심으로 (20년9월~21년7월)까지 지원금액에 차이를 두고 지원을 하였다. 이에 취약계층에 대한 지원금은 지원범위의 중위값으로 가구당 지원된 금액으로 산정하였다.

3) 종속변수 : 배달음식건수

종속변수를 정함에 있어서 연구데이터에는 상품 금액, 배달금액, 중개수수료, 배달음식건수 등이 있었는데, 상품 금액은 음식 종류에 따라 다르고, 배달금액은 배달거리에 따라 다르며, 중개수수료는 배달금액에 따라 차이가 있다는 점에서 업종별 매출상황을 가장 정확하게 측정할 수 있는 변수는 '배달음식건수'라고 판단되었다. 이에 '배달음식건수'를 종속변수로 정하였다. 여기서 '배달음식건수'는 일자별 음식업종별 배달 건수로 수도권에서 익일 발생되는 총 배달 건수를 나타낸다. 2019년 8월 1일~2021년 4월까지 모아플래닛(주) 집계된 배달 총 데이터 갯수는 15,682,608개이고 이를 일자별 기준으로 배달음식 일별 총건수를 정리하면, 10,126건이다. 코로나 19 확진자 이후 배달음식 일별 총건수는 7,375건이었다.

4) 통제변수

이 연구는 앞서 살펴본 독립변수, 종속변수, 그리고 매개변수 외에 다음과 같은 통제변수들이 있다. 일반적으로 통제변수는 성별, 연령, 학력 등과 같은 인구사회학적 변수들이 사용되지만, 이 연구에서 사용된 데이터에는 위와 같은 인구사회학적 변수들은 수집되지 않았다. 다만, 이 연구의 연구모형에서는 수도권 지역의 코로나 19로 인한 배달음식업의 매출변화추이를 확인하고자 하였기에 연구데이터에 포함되어 있는 '지역'을 통제변수로 고려할 수 있다. 그런데, 통제변수는 독립변수와 종속변수 간의 인과관계를 명확하게 파악하기 위하여, 종속변수에 영향을 주는 외재변수인 통제변수를 연구자가 의도적으로 통제하는 것이다(Kerlinger and Lee, 1973). 따라서 독립변수와 종속변수에 영향을 미치지 않는 상태에서 통제변수를 사용할 경우에는 II종 오류가 발생할 수 있고 통제변수를 꼭 사용해야 할 상황에서 통제변수를 포함하지 않으면 I종 오류가 발생한다(Becker, 2005; Spector et al. 2000). 이 관점에서 보자면, 본 연구의 종속변수는 '배달음식건수'로 통제변수인 '지역'과의 이론적인 관련성 또는 선행연구의 결과들을 살펴볼 때, 이 연구의 지역은 수도권에 한정하였기 때문에 동일한 정부대응책이 적용되었다는 점에서 수도권 내 지역 간에 '배달음식건수'에 차이가 나거나 영향을 미치지 못한다. 따라서 이 연구에서는 통제변수를 포함하지 않은 분석을 실시하였다.

5. 분석방법

본 연구에서는 설문조사를 통해 코로나 19 전후 식생활 변화 등에 대하여 살펴보았다. 그러나 설문조사방법은 연구대상자의 주관적 인식이 반영되어 부정확할 수 있다는 문제점이 있다. 이에 빅데이터를 활용하는 방법이 권장되기도 하는데((Mayasari, et al., 2020; Laguna, et al., 2020; Jeong, et al., 2021; Lee & Choi, 2020)), 이에 본 연구에서는 배달데이터를 분석하는 방법을 사용하였다.

수집된 자료를 분석하는 데 있어, 데이터의 기술통계분석, 변수의 차이검증을 위한 t-test와 ANOVA 검증, 그리고 상관관계분석을 위하여는 SPSS 23.0통계패키지 프로그램을 사용하였다. 가설 검증을 위하여는 AMOS 21.0프로그램을 활용해 구조방정식(SEM:Strucual Equation Modeling)기법을 사용하였다. 먼저, 주요 변수들의 정규성 검증과 기술 통계량을 확인하기 위해서는 SPSS 23.0 프로그램을 통해 평균과 표준편차, 왜도, 첨도 등을 확인하였고 변인 간 상호관계를 파악하기 위하여 피어슨 상관관계 분석을 시행하였다. 이후 본 연구의 주제인 '코로나 19 확진자 수'와 '배달음식건수', '국민재난지원금', '사회적 거리두기' 간의 경로를 분석하고 검증하기 위해 AMOS 21.0을 활용하였다. 경쟁모델전략을 통해 연구모형과 대안모형1, 대안모형2를 설정해 모델 간 적합도를 비교하여 가장 적합한 모형을 최종모형으로 선정했다. 이후 구조방정식 모형검증을 시행하여 측정모형과 연구모형의 적합도를 평가하였다. 이를 위해 홍세희(2000)가 제시한 대로 $\chi2$ 검증과 상대 적합도 지수인 CFI와 TLI, 그리고 절대적합도 지수인 GFI와 RMSEA를 참고하였다. 최종모형 선택을 위하여는 모형 간 비교에서 유용한 AIC지수와 SRMR을 평가하고 활용하였다. 마지막으로 매개효과 유의도 검증을 위하여는 붓스트랩핑(Bootstrapping)을 실시하였다.

2절
연구결과

1. 일반특성

1) 지역별 음식 종류 빈도

본 연구 데이터의 지역별 음식종류 현황를 보면, 분식 > 한식, 일식, 양식 > 중식 순으로 지역별 편차가 없음을 알 수 있다. 자세한 내용은 <표 24>와 같다.

표 24. 지역별 음식종류 빈도

지역	종류	빈도	비율(%)
경기	한식	1,365	20.00
	중식	910	13.33
	일식	1,365	20.00
	양식	1,365	20.00
	분식	1,820	26.67
	소계	**6,825**	**100**
지역	**종류**	**빈도**	**비율(%)**
서울	한식	1,371	20.22
	중식	900	13.27
	일식	1,318	19.43
	양식	1,370	20.20
	분식	1,823	26.88
	소계	**6,782**	**100**

지역	종류	빈도	비율(%)
인천	한식	1,190	22.73
	중식	540	10.32
	일식	633	12.09
	양식	1,185	22.64
	분식	1,687	32.23
	소계	**5,235**	**100**
전체 총합		18,842	

2) 배달음식건수의 지역별 차이

<표 25>를 보면, 배달음식 건수에 대한 지역별 차이는 코로나 19 이전과 비교하여 코로나 19 이후에 약 2.62배 이상 늘어난 것을 확인할 수 있으며, 인천, 서울, 경기 순으로 많은 것을 확인할 수 있다. 코로나 19 이전과 후로 비교한 결과, 코로나 19 이전엔 수도권엔 평균적으로 5,982건의 배달이 있었으나 코로나 19 발생 후 9,113건으로 늘어난 것으로 확인되었으며, 이는 통계적으로 유의한 결과였다.

표 25. 배달음식건수의 지역별 차이

변수	구분	N	평균	표준편차	T/F	사후검증
코로나 19 이전 배달건수	경기	178	12,340.270	3,794.36	1147.936 ***	인천<서울 서울<경기 인천<서울 서울<경기 인천<서울 서울<경기
	서울	176	4,955.114	1,360.62		
	인천	170	388.271	242.58		
코로나 19 이후 배달건수	경기	455	21,166.673	5,404.01	4769.531 ***	인천<서울 서울<경기 인천<서울 서울<경기 인천<서울 서울<경기
	서울	457	5,503.573	1,897.49		
	인천	461	796.187	250.73		
배달건수	코로나 전	524	5,982.202	5,458.55	-9.041 ***	
	코로나 후	1,373	9,113.628	9,308.34		

*<p.05, **p<.01, ***p<.001

3) 배달음식건수의 음식종류별 차이

중식의 경우 배달 건수의 평균이 코로나 19 이전엔 144.09건으로 가장 낮게 나타났고, 코로나 19 이후에도 320.65로 가장 낮게 나타난 것으로 확인되었다. 또한, 양식의 평균이 코로나 19 이전엔 780.85, 코로나 19 이후에는 1,022.80건으로 가장 높게 나타났으며, 사후분석을 시행한 결과, 코로나 19 이전은 중식과 일식이 가장 낮게 주문하는 배달종류이며 코로나 19 이후엔 중식이 가장 낮은 배달종류로 나오는 것이 확인되었다. 코로나 19 이전과 이후로 비교하였을 때, 코로나 19 이전엔 업종별 평균적으로 467건의 배달이 있었으나 코로나 19 발생 이후 업종별 평균적으로 664건으로 늘어난 것이 확인되었다. 전체적으로 코로나 19 전후 '배달음식건수'는 약 2.8배 이상 증가하였고, 구체적으로 코로나 19 전후 약 2.9배 이상, 중식은 2.92배 이상, 일식은 2.63배 이상, 분식은 2.8배 이상 증가한 것으로 나타났다. 자세한 내용은 <표 26>과 같다.

표 26. 배달음식건수의 음식종류별 차이

변수	구분	N	평균	표준편차	T/F	사후검증
코로나 19 이전 배달건수	한식	1,352	558.62	593.72	251.656***	중식,일식 <분식 <한식 <양식
	중식	805	144.09	142.21		
	일식	1,262	201.10	249.12		
	양식	1,388	780.85	932.67		
	분식	1,902	486.76	439.43		
코로나 19 이후 배달건수	한식	3,926	765.59	954.65	290.153***	중식<일식 일식<분식 분식<한식 한식<양식
	중식	2,350	320.65	349.77		
	일식	3,316	457.13	830.82		
	양식	3,920	1,022.80	1,376.74		
	분식	5,330	605.74	665.56		
배달건수	코로나 전	6,709	467.234	606.36	-19.448***	
	코로나 후	18,842	664.102	947.75		

*<p.05, **p<.01, ***p<.001

4) 국민재난지원금 유무에 따른 배달음식건수의 차이

‘국민재난지원금’의 유무에 따라 ‘배달음식건수’는 차이가 있는 것으로 나타나고, ‘국민재난지원금’이 제공되었을 때 배달음식건수가 늘어나는 것으로 확인되며, 이는 통계적으로 유의한 결과였다.

표 27. 배달음식건수의 국민재난지원금 유무별 차이

변수	구분	N	평균	표준편차	T/F
음식 배달건수	지원금 없음	127	26,006.803	4,971.60	-3.285**
	지원금 있음	328	28,048.601	7,931.89	

*<p.05, **p<.01, ***p<.001

2. 측정변수의 상관관계

본 연구에서 경로 분석에 사용된 주요 변수들의 관계를 확인하고 다중공선성의 문제 등을 검증하기 위해 이변량 상관분석을 실시하였다. 상관관계의 계수를 절대값으로 비교했을 때, r의 최대값은 r=.687로써 r=.7보다 낮아 다중공선성의 문제는 없는 것으로 판단하였다. 상관관계를 보면, 코로나 19 확진자 수의 경우 ‘사회적 거리두기’(r=.519, p<.01), ‘국민재난지원금’(r=.687, p<.01), ‘배달음식건수’(r=.076, p<.01)은 정(+)적으로 유의한 상관이 있는 것으로 나타났다. 이는 ‘코로나 19 확진자 수’가 늘수록 ‘사회적 거리두기’ 단계와 ‘국민재난지원금’ 제공, 그리고 ‘배달음식건수’도 늘어난다는 것을 의미한다.

‘사회적 거리두기’의 경우 ‘국민재난지원금’(r=.435, p<.01), ‘배달음식건수’(r=.075, p<.01)는 정(+)적으로 유의한 상관이 있는 것으로 나타났다. ‘국민재난지원금’의 경우 ‘배달음식건수’(r=.012)도 정(+)적으로 상관이 있기는 했으나 통계적으로 유의하지는 않았다. ‘국민재난지원금’과 ‘배달음식건수’의 상관관계를 제외하면, 이러한 상관관계의 결과는 선행연구에서 제시한 것과 본 연구의 문제 방향이 일치하는 것을 나타내는 결과이다.

또한, 구조방정식은 자료가 정규분포를 가정할 때 결과를 신뢰할 수 있으므로(배병

렬, 2017), 이를 검증하기 위해 왜도와 첨도를 확인하였다. 정규성을 위한 왜도와 첨도에 관하여 West, Finch와 Curran(1995)은 왜도는 절대값 '2'를, 첨도는 절대값 '7'을 넘기지 않아야 정규성 가정에 문제가 없다고 기준을 제시했다. 본 연구에서는 모든 변수에서 왜도는 '2' 이하로, 첨도는 '7' 이하로 나타나 자료의 정규성에 문제가 없음을 확인하였다. 구체적 내용은 <표 28>과 같다.

표 28. 관측변수의 기술통계 및 상관분석

구 분	코로나 19 확진자 수	사회적 거리두기	국민재난지원금	배달음식건수
코로나 19 확진자 수	1			
사회적 거리두기	.519**	1		
국민재난지원금	.687**	.435**	1	
배달음식건수	.076**	.075**	.012	1
M	166.164	1.585	153.668	1712.733
SD	193.528	0.987	123.806	1603.887
왜도	1.336	.067	.067	1.793
첨도	1.329	-1.007	-1.404	3.816

*<p.05, **p<.01, ***p<.001

3. 측정모형의 검증

1) 모형의 적합성 검증

선행연구와 이론적 근거들을 토대로 정부의 '국민재난지원금'과 '사회적 거리두기' 단계를 매개하여 연구모형<그림 6>을 설정하였다. 또한 연구모형의 모형적합도를 비교할 수 있는 대안모형을 제시하였다. 연구모형은 '사회적 거리두기'와 '국민재난지원금'을 매개로 하고, '코로나 19 확진자 수'가 '배달음식건수'에 미치는 영향을 확인하는 모형이다.

대안모형 2가지를 제시하였다. 첫 번째 대안모형1<그림 7>은 '국민재난지원금'과 '사회적 거리두기' 간의 영향을 미치지 않는 모형으로 '코로나 19 확진자 수'에 따른 '사회적 거리두기' 단계 조정과 '국민재난지원금'의 정책변화의 2개의 매개 변수만이 배달 총건수에 영향을 미치는 모형을 선정했다. 두 번째 대안모형2 <그림 8>는 '코로나 19 확진자 수'에서 '국민재난지원금'과 '사회적 거리두기' 단계에 영향을 미치고 '사회적 거리두기'단계에 따른 '국민재난지원금' 정책변화의 영향, 그리고 매개변수인 '국민재난지원금'과 '사회적 거리두기' 단계가 '배달음식건수'에 미치는 영향을 대안모형으로 구성하였다.

■ 그림 6. 연구모형의 경로분석

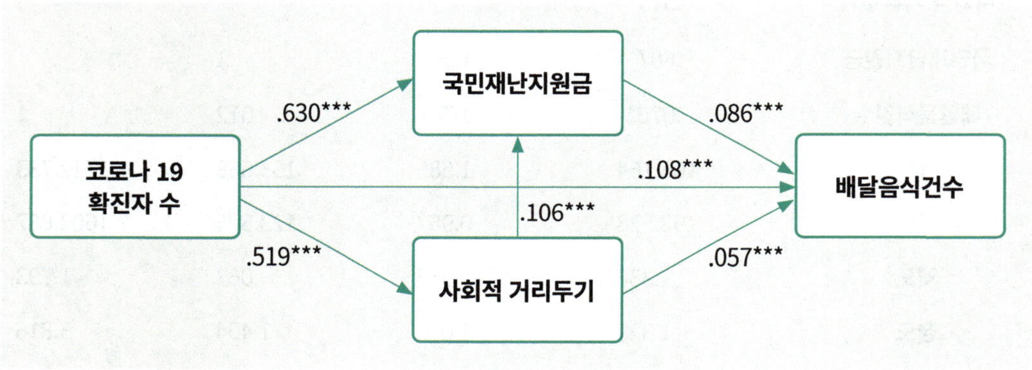

■ 그림 7. 대안모형 1의 경로분석

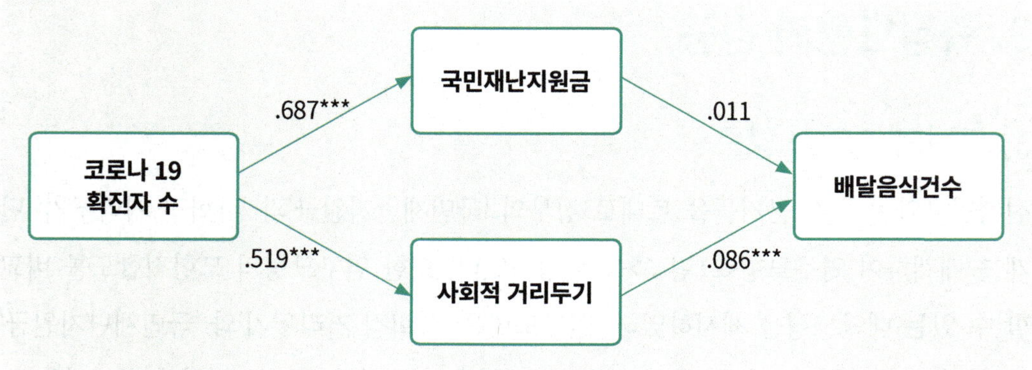

■ 그림 8. 대안모형 2의 경로분석

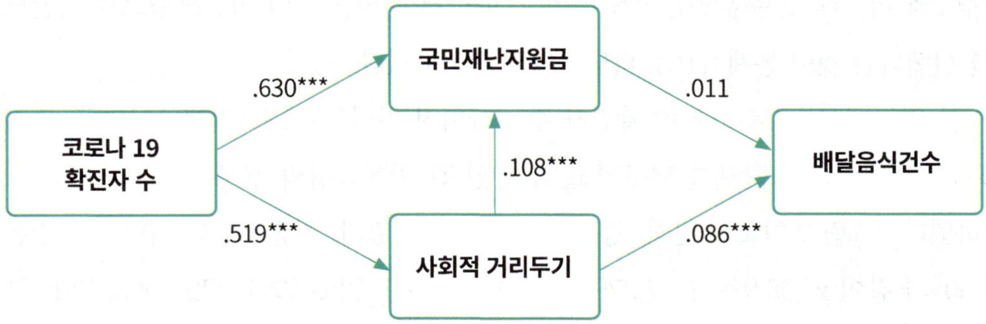

연구모형<그림 6>, 대안모형 1<그림 7>, 대안모형 2<그림 8>의 모형적합도를 동시에 비교한 결과를 보면 <표 29 참조>, χ^2은 측정변인 간 상관계수 크기에 매우 민감하고 표집 크기에도 영향을 많이 받는 등 지수별 특성이 있기에, 여러 지수를 함께 고려하여 분석을 시행하였다. χ^2의 경우 연구모형은 0 수준에서 포화 모델로 적절치 않다고 판단되며, 대안모형 1의 경우는 전체적으로 유의하나 RMSEA값이 .103으로 기각되었다. 대안모형 2는 모든 값이 적절 및 유의하고, 특히 대안모형 1과 비교 시 RMSEA값이 낮아 모형 오류가 적은 것으로 판단된다.

최종적으로 분석모형을 결정하기 위해 대안모형 1, 2 중에서 모형 간 비교 시에 유용하게 사용되는 AIC와 SRMR 값을 비교했다. Schunmacker와 Lomax(1996)는 간명적합도 지수인 AIC(Akaike Information Criterion)가 χ^2 통계량과 추정모수 수를 고려하여 결정되는 지수로, AIC지수가 낮을수록 더 나은 모형임을 의미한다. SRMR의 경우 .1 보다 작을 때 적합성이 양호하며, 수치가 작을수록 모형이 더 적합한 것으로 판

■ 표 29. 연구모형과 대안모형의 적합도 지수

모형	χ^2	df	GFI	SRMR	TLI	CFI	AIC	RMSEA(90%CI)
연구모형	-	-	1.000	.000	-	1.000	20.000	.404(.396~.412)
대안모형1	159.036	2	.989	.030	.935	.978	175.036	.103(.090~.117)
대안모형2	38.939	1	.997	.016	.968	.995	56.939	.072(.054~.092)

단된다. 이러한 내용을 토대로 연구모형이나 대안모형1의 AIC와 SRMR 수치가 대안모형 2와 비교해 낮은 값임을 확인하였고, 따라서 분석을 위한 최종모형으로 대안모형 2를 선택하는 것이 통계적으로 타당하다고 판단되었다.

본 연구에서는 '코로나 19 확진자 수', '사회적 거리두기', '국민재난지원금' 그리고 '배달음식건수'와의 관계를 연구하고 각 변인 간 관계중심의 경로모형을 적용하여 추정하였다 <그림 9 참조>. 먼저, 경로모형을 검증한 결과, 최종모형의 적합도 지수는 <표 30>과 같이 x^2(38.939, N=7,375)=38.939(p<.001), GFI= .997, TLI=.968, CFI=.995, SRMR=.016, AIC=56.939, RMSEA=.072[90% CI=(.054-.092)으로 모두 양호한 것으로 나타났다. 최종모형의 각 경로 추정치를 확인한 결과, '코로나 19 확진자 수'는 '사회적 거리두기'에 .519, '국민재난지원금'에 .630의 영향을 유의하게 미치는 것으로 나타났으며, '사회적 거리두기'는 '국민재난지원금'에 .108, '배달음식건수'에 .086의 영향을 유의하게 미치는 것으로 나타났다. 또한 '국민재난지원금'은 '배달음식건수'에 -.011의 영향을 유의하지 않게 미치는 것으로 나타났다.

그림 9. 최종모형의 경로분석

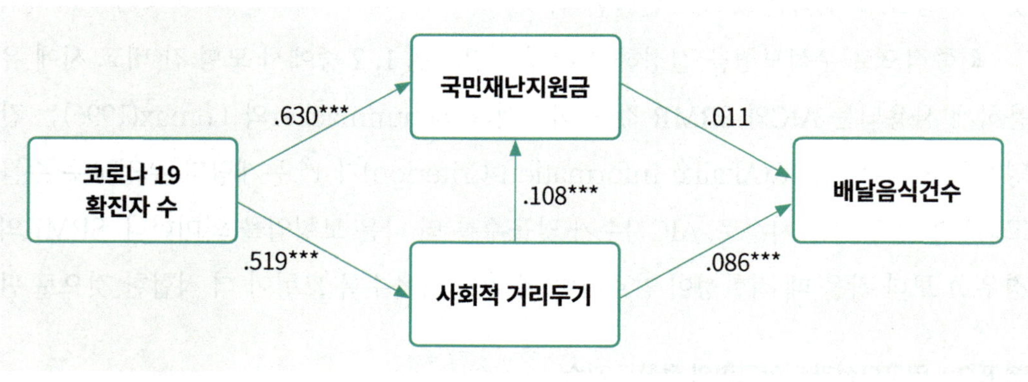

표 30. 최종모형의 적합도 지수

모형	x^2	df	GFI	SRMR	TLI	CFI	AIC	RMSEA(90%CI)
최종모형 (대안모형2)	38.939	1	.997	.016	.968	.995	56.939	.072(.054-.092)

2) 구조모형 경로분석

최종모형의 경로분석은 '코로나 19 확진자 수'가 '사회적 거리두기'와 '국민재난지원금'을 매개하여 '배달음식건수'에 미치는 경로에 관한 계수는 <표 31>과 같다. 분석 결과, '코로나 19 확진자 수'가 '사회적 거리두기'에 미치는 영향이 52.144(p<.001), '코로나 19 확진자 수'가 '국민재난지원금'에 미치는 영향은 64.163(p<.001), '사회적 거리두기'가 '국민재난지원금'에 주는 영향은 11.004(p<.001), '사회적 거리두기'가 '배달음식건수'에 미치는 영향은 6.681(p<.001)로 통계적으로 유의한 것으로 나타났으나, '국민재난지원금'이 '배달음식건수'에 미치는 영향은 1.008(p>.05)으로 유의하지 않은 것으로 나타났다.

표 31. 최종모형의 경로분석 추정치

경로			비표준화 추정치	표준화 추정치	표준오차	C.R
코로나 19 확진자 수	→	사회적 거리두기	.003	.519	.000	52.144***
코로나 19 확진자 수	→	국민재난지원금	.403	.630	.006	64.163***
사회적 거리두기	→	국민재난지원금	13.568	.108	1.233	11.004***
사회적 거리두기	→	배달음식건수	140.079	.086	20.965	6.681***
국민재난지원금	→	배달음식건수	.236	.011	.167	1.008

3) 매개효과 유의성 검증

본 연구에서는 '코로나 19 확진자 수', '사회적 거리두기', '국민재난지원금'과 '배달음식건수'와의 순차적 매개효과를 확인하기 위하여 Bootstrapping 절차(Shrout & Bolger, 2002)에 따라 추정하였다. Bootstrapping은 95% 신뢰구간에서 0의 포함여부에 따라 0이 포함되면 영가설을 기각할 수 없고 0이 포함되지 않으면 영가설을 기각하는 방식이다. 따라서 95% 신뢰구간에 0이 포함되지 않았다는 것은 매개효과가 유의미하다는 것을 나타낸다. 독립변수와 종속변수의 관계에서 매개효과 모형은 직접효과와 간접효과로 구분되고 간접효과(매개효과)는 완전매개효과와 부분매개효과로 나뉜다. 직접효과(direct effect)는 매개변수가 있을 때 독립변수가 종속변수에 영향을 미치는 것을 말하고, 간접효과(indirect effect)는 매개변수가 있을 때 독립변수가 매개변수를 통해 종속변수에 영향을 미치는 것을 의미한다. 완전매개효과(complete mediation effect)는 매개변수가 없으면 독립변수가 종속변수에 영향을 미치지 못하는 효과를 의미하고, 부분매개효과(partial mediation effect)는 매개변수가 없어도 독립변수가 종속변수에 영향을 미치는 효과를 말한다.

먼저 간접효과의 크기가 95% 신뢰구간에서 영가설이 설정한 0의 포함 여부를 통해, '사회적 거리두기' 단계와 '국민재난지원금'의 매개효과의 유의성을 <표 32>와 같이 확인하였다.

'코로나 19 확진자 수'가 '사회적 거리두기'에 미치는 직접효과는 .519(p<.001)으로 나타났고, '코로나 19 확진자 수'가 '국민재난지원금'에 미치는 영향은 총 효과 .687(p<.001)로 직접효과(.630, p<.001)와 간접효과(.056, p<.001)가 모두 있는 것으로 나타났으며, '코로나 19 확진자 수'가 '배달음식건수'에 미치는 영향은 .027(p<.01)로 간접효과 있는 것으로 나타났다. '사회적 거리두기'가 '국민재난지원금'에 미치는 영향은 직접효과 .108(p<.001)로 나타났고, '사회적 거리두기'가 '배달음식건수'에 미치는 영향은 총 .089(p<.001)로 직접효과 .086(p<.001)과 간접효과 .003(p<.05)가 모두 있는 것으로 나타났다.

표 32. 최종모형의 직접효과와 간접효과 및 총효과

경로			직접효과 [95% CI]	간접효과 [95% CI]	총효과 [95% CI]
코로나 19 확진자 수	→	사회적 거리두기	.519*** [.506~.533]	-	.519*** [.506~.533]
코로나 19 확진자 수	→	국민재난 지원금	.630*** [.613~.648]	.056*** [.043~.070]	.687*** [.677~.696]
코로나 19 확진자 수	→	배달음식건수	-	.027** [.011~.043]	.027** [.011~.043]
사회적 거리두기	→	국민재난 지원금	.108*** [.084~.134]	-	.108*** [.084~.134]
사회적 거리두기	→	배달음식건수	.086*** [.061~.111]	.003* [-.006~.000]	.089*** [.059~.107]
국민재난지원금	→	배달음식건수	.011 [-.031~.000]	-	.011 [-.031~.000]

* p<.05, ** p<.01, *** p<.001, N= 7375, Bootstrapping 표집의 개수는 10,000개

다음으로 <표 33>과 같이 개별 간접매개 효과를 구하기 위하여 phantom변인을 설정하여 Bootstrapping절차를 실시하였다. '코로나 19 확진자 수'는 '사회적 거리두기'에 그리고 '국민재난지원금'에 영향을 주고, 이는 곧 '배달음식건수'에 영향을 미친다.

표 33. 개별 간접효과 유의성 검증

경 로	간접효과	95% CI [하한, 상한]
코로나 19 확진자 수→사회적 거리두기→배달음식건수	.045***	.263~.478
코로나 19 확진자 수→국민재난지원금→배달음식건수	.016	-.268~.001
코로나19확진자수→사회적 거리두기→국민재난지원금→배달음식건수	.001	-.025~.0002

* p<.05, ** p<.01, *** p<.001, N= 7375, Bootstrapping 표집의 개수는 10,000개

<표 34>에서 살펴본 바와 같이, 첫째, '코로나 19 확진자 수'와 '배달음식건수'의 관계에서 '사회적 거리두기'의 완전매개효과는 .045(p=<.001), 95% Bias-corrected [.263~.478]로 0을 포함하지 않아 유의한 것으로 나타났다. 이는 '코로나 19 확진자 수'가 늘어날수록 '사회적 거리두기'의 단계도 높아지고, 이에 '배달음식건수'도 증가하는 매개효과가 있다는 것을 의미한다.

둘째, '코로나 19 확진자 수'와 '배달음식건수'의 관계에서 '국민재난지원금'의 완전매개 효과는 .016(p=.052), 95% Bias-corrected [-.268~.001]로 0을 포함하여 유의하지 않은 것으로 나타났다. 이는 '코로나 19 확진자 수'가 늘어나면 '국민재난지원금' 제공도 늘어나지만, 그것이 '배달음식건수'가 증감하는 것에 영향을 주지 않는다는 것을 의미한다.

셋째, '코로나 19 확진자 수'와 '배달음식건수'의 관계에서 '사회적 거리두기'와 '국민재난지원금'의 완전매개효과는 .001(p=.056), 95% Bias-corrected[-.025~.0002]로 0을 포함하고 있어 유의하지 않은 것으로 나타났다. 이는 '코로나 19 확진자 수'가 늘어나면 '사회적 거리두기'단계도 상승하고 이에 따라 '국민재난지원금'이 제공되더라도 '배달음식건수'의 증감에 영향을 미치지 않는다는 것을 의미한다.

5 장

결론

1절

연구결과 요약

1. 연구의 요약 (1)

코로나 19에 따른 각국의 정부 대응책은 크게 5가지로 구분된다. '사회적 거리두기', '학교/직장폐쇄', '국민재난지원금', '지역이동제한(lock-down)', '마스크쓰기' 등이다. 대부분의 영미와 유럽의 국가에서는 위 정책들의 효과에 대한 평가가 이루어져 왔다(Flaxman, Mishra, Gandy, et al, 2020; Pozo-Martin, Weishaar, Cristea, Hanefeld, Bahr, Schaade, & El Bcheraoui, 2021; Haug, Geyrhofer, Londei, Dervic, Desvars-Larrive, Loreto, 2020; Brauner, Mindermann, Sharma, Johnston, Salvatier, Gavenčiak, et al, 2021; Liu, Morgenstern, Kelly, Lowe, Munday, Villabona, et al, 2021). 그런데 이러한 정부 대응책에 대한 국민이 인식하는 제도적 평가와 관련된 연구는 전 세계적으로 아직 이루어지지 않고 있다. 코로나 19 이전과 달리 코로나 19이후 '사회적 거리두기' 등으로 인하여 외부식당 이용 제한의 조치가 이루어졌고 이에 국민의 식생활에 큰 변화가 올 수밖에 없었다. 외식보다는 가정식을 선호하게 되고 가정식도 직접조리보다는 배달음식 섭취빈도가 높아졌다는 것이 선행연구(Yang, et al., 2020; Poelman, et al., 2021; Janssen, et al., 2021; CREA, 2020; DeBroff, 2020)를 통해 확인되었다. 코로나 19는 전 세계 국민의 삶에 막대한 영향을 미쳤다. 경제적으로는 직장상실, 수입감소, 폐업 등에 따른 국민의 경제적 위기가 증가하였고(Crew, 2020; Spinelli, et al., 2020: 2; Nicola, et al., 2020), 이는 과거의 대공황이나 대침체의 위기를 능가하는 수준으로 평가되고 있다. 코로나 19는 국민의 심리에도 심각한 부작용을 초래하였다(Taylor, 2019; Wang, et al., 2020; Nearchou, et al., 2020; Bäuerle, Teufel, Musche, Weismüller, Kohler, Hetkamp, et al., 2020). 심지어 '코로나블루'라는 신조어가 생길 정도이다. 코로나 19는 국민의 신체 건강에도 영향을 미친 것으로 나타난다. 코로나 19로 건강을 우려한 사람들은 건강보조식품이나 건강식사를 선호하는 경향성을 보이기도 하지만, 외부활동이 줄어들면서 건강에 해로운 정도로 몸무게 증감의 변화도 감지된다(Poelman, et al., 2021; CREA, 2020; DeBroff, 2020).

이에 본 연구에서 우리나라 국민이 코로나 19 대응을 위한 정부 대응책에 대하여 인식에 차이가 있을 것이고(H3-1), 코로나 19 전후 외식 등 식생활 패턴의 변화가 있다(H3-2)고 가정하며, 코로나 19 이후 경제적/심리적/신체적 영향으로 인하여 외식 등 식생활 변화가 있다(H3-3)는 가설을 검증하고자 한다. 본 연구의 연구가설의 검증결과는 <표 34>와 같다.

본 연구의 분석결과를 요약하면 다음과 같다. 첫째, 코로나 19 이후 정부대응에 대한 국민의 인식 결과<표8~표10>를 보면, 국민의 일상생활이 위축되면서 사회활동이나 문화활동, 휴식 및 여가활동 등에서 가장 많이 어려움이 있었다는 것을 알 수 있고, 영미 및 유럽의 연구에서는 코로나 19 정부 대응책으로 가장 효과적인 방법은 '지역이동 제한'이나 '사회적 거리두기'가 가장 효과적인 정책으로 평가된 것에 비하여, 우리나라 국민은 '사회적 거리두기(16.3%)'보다 '마스크쓰기(63.8%)'가 가장 효과적인 정책이라고 인식하고 있었다. 그런데, 선행연구들은 '마스크쓰기'의 효과적 측면에서 다소 약하다는 평가가 많다는 점에서 볼 때, 이는 코로나 19 이후 초기에는 마스크를 구하기 어려웠던 경험을 국민이 체험한 바 있었고 그 후 우리나라 정부에서 '마스크쓰기'를 집중적으로 강조하고 여론화되면서 형성된 결과로 추정된다. 그러나 우리나라 국민은 코로나 19 정부대응책 중에서 본인을 가장 힘들게 한 정책으로는 '마스크쓰기(22.0%)'보다 '사회적 거리두기(47.9%)'였다고 가장 많이 지목한 점에 비추어 본다면, 코로나 19 정부대응책 중에서 국민의 삶에 가장 영향을 준 정책은 '사회적 거리두기'라고 평가할 수 있다. 이러한 결과는 연령, 결혼상태, 최종학력, 가족거주 형태, 직업 유형, 월평균 개인

소득별로도 통계적으로 유의(p<.05)한 결과로 나타났다. 따라서 연구가설 H3-1(코로나 19이후 정부 대응책에 대한 인식에 차이가 있을 것이다)는 채택되었다.

둘째, 코로나 19 전후 식생활의 변화를 보면(표11~표18) 다음과 같다. 먼저 외식 패턴의 변화를 보면, 코로나 19 이전에는 외부식당(41.2%)에서 주로 식사하는 비율이 높았으나, 코로나 19 이후에는 집(76.5%)에서 식사하는 비율이 가장 높았다. 외식 패턴의 변화를 보면, 코로나 19 전후 모두 가족, 친지(30.9%→54.9%) > 친구(40.5%→19.2%) > 직장동료(20.3%→10.0%) 등의 순으로 가장 많이 외식을 했으나, 코로나 19 이후에는 가족, 친지로 외식하는 비율은 20% 이상 급증하였고 반면에 직장동료나 친구와의 외식은 10~19.2% 감소하는 경향성을 보여주었고, 혼자 외식하는 비율도 1.7%에서 8.7%로 급증하였다. 코로나 19 전후 외식횟수는 감소한 것으로 나타났고 외식하는 음식 종류는 '한식'과 '양식'은 감소한 반면 '중식'과 '일식'은 증가한 것으로 나타났다. 가정식 패턴의 변화를 보면, 코로나 19 이후 가정에 머무는 시간이 많아지면서 주 단위 가정식을 하는 횟수가 증가하였고 가정식 식사방법에 있어서는 직접조리는 감소한 반면 배달음식은 증가한 것으로 나타났다. 배달음식 섭취횟수 변화를 보면 코로나 19 이전보다 코로나 19 이후 주 4회 이상 배달음식을 섭취하는 비율이 3.9%에서 24.6%로 급증하는 현상을 보여주고 있다. 음주패턴 변화를 보면, 코로나 19 이전보다 코로나 19 이후 음주횟수는 감소하였고 음주장소도 코로나 19 이전에는 주로 외부식당을 이용하였으나 코로나 19 이후에는 주로 집에서 음주하는 경향이 높았다. 음식선택 패턴에도 변화를 보였는데, 코로나 19 이후 건강과 가격, 그리고 간편식을 기준으로 음식은 선택하는 비율이 증가하였으며, 코로나 19 이전보다 코로나 19 이후에 건강보조식품이나 영양제를 섭취하는 경향도 증가한 것으로 나타났다. 반면에 코로나 19 전후 식생활의 규칙성은 다소 불규칙해진 경향성을 보여주고 있다. 따라서 연구가설 H3-2(코로나 19 전후 외식 등 식생활 변화가 있을 것이다)는 채택되었다.

셋째, 코로나 19 이후 경제적/심리적/신체적 영향에 따른 식생활 변화가 있는지 살펴본 결과 <표19~표22>는 다음과 같다. 먼저 코로나 19 이후 경제적으로 수입감소, 심리적으로 스트레스 증가, 신체적으로 건강상태 악화 등의 부정적인 영향이 있었음을 확인할 수 있다. 외식패턴을 보면, 월평균 개인소득이 줄어들면 집에서 식사하는 비율이 증가하며, 주로 가족, 친지나 혼자 외식하는 비율이 높으며, 주로 중식이나 분식을 선호한다. 가정식 패턴을 보면, 월평균 개인소득이 줄어들면 주로 집에서 배달음식을 섭취하는 비율이 증가하고 배달음식섭취횟수도 점차 증가하는 것으로 나타나며, 음주도 주로 집에서 하는 경향성이 나타난다. 심리적 스트레스가 있는 경우에는 외식은 주로 연인, 친구 등과 중식 등을 식사하지만 외식횟수는 주 1회 이하가 가장 많다. 가정식은 주로 주 4회 이상 배달음식을 섭취하고 음주는 주로 집에서 주 4회 이상 음주하는 빈도가 가장 높게 나타났다. 몸무게 증감에 따른 건강상태가 안 좋을수록 외식은 혼자, 주 4회 이상, 일식이나 분식 등을 선호하는 것을 알 수 있고, 가정식도 주로 집에서 주 2-3회 섭취하는 것으로 나타났으나 배달음식을 섭취하기 다는 직접조리를 더 선호하는 것으로 나타났다. 음주횟수도 건강이 좋을 때보다는 줄어들고 음주장소도 외부식당을 더 선호하는 것으로 나타났다. 따라서 연구가설 H3-3(코로나 19 이후 경제적/심리적/신체적 영향으로 인하여 외식 등 식생활 변화가 있을 것이다)는 채택되었다.

표 34. 연구가설(1)의 검증결과

가설내용		검증결과
H3-1	코로나 19 이후 정부 대응책에 대한 인식차가 있을 것이다.	채택
H3-2	코로나 19 전후 외식 등 식생활 변화가 있을 것이다	채택
H3-3	코로나 19 이후 경제적/심리적/신체적 영향으로 인하여 외식 등 식생활 변화가 있을 것이다	채택

본 연구의 결과에 비추어 볼 때, 코로나 19 식생활 변화에 따라 배달음식업의 경영전략의 변화도 다각도로 모색해보아야 한다. 우선 배달수수료를 절감하기 위한 전략들(컨시어지 서비스, 다크키친모델 등), 고스트키친, 클라우드키친, 배달음식의 안전성 홍보, 홀리스틱전략 등과 같은 각국의 배달음식점의 경영전략들의 변화에 대하여 국내에 도입 가능성 여부를 검토할만 하다.

2. 연구의 요약(2)

본 연구의 결과를 요약하면 다음과 같다. 첫째, 코로나 19 이후 일종의 패닉상테에 빠진 국민을 위하여 전 세계에서는 각국의 상황에 따라 다양한 대응책을 시행하였다. 코로나 19로 인한 경제적, 사회적, 심리적, 문화적 타격은 천문학적인 비용을 산출했고, 특히 경제적 위기로 인한 국민의 삶의 고단함은 현재도 진행형이다. 이에 각국의 대응책을 보면, 크게 지역봉쇄, 집합금지명령, 사회적 거리두기, 국민재난지원금, 직장 및 학교폐쇄, 마스크사용의무화, 자가격리 등 다양하게 시행되었다. 그중에서 가장 효과적인 정책은 '사회적 거리두기'로 나타났다(Brauner, et al., 2021; Liu, et al., 2021).

그 밖에서 '학교/직장 폐쇄조치'는 큰 효과가 없는 것으로 나타났고(Abdollahi, et al., 2020; Chang, Harding, Zachreson, Cliff, Prokopenko, 2020), 마스크착용권장의 효과도 적은 것으로 나타났다(Betsch, Korn, Sprengholz, Felgendreff, Eitze, Schmid, et al., 2020). 그리고 '국민재난지원금'을 제공한 국가는 대한민국을 비롯하여 미국, 이스라엘, 일본 등으로 소수국가에 불과하였는데, '국민재난지원금'의 경우 저소득층일수록 소비활동의 증진효과가 있는 것으로 나타나기는 했으나 고소득층이나 소상공인 등 기업에게는 소비증진 효과가 나타나지 않았으며(Bakers, et al., 2020; Karger, Rajan, 2020; Chetty, et al., 2020), 특히 '국민재난지원금'이 경제적 소비상승효과가 있기에 '사회적 거리두기' 상황에서 주로 소상공인·자영업자들이 운영하는 배달음식업 등의 소비패턴, 그리고 국민의 식생활 소비변화에 영향을 줄 것으로 가정하였다. 이러한 연구는 국내에서 한 번도 검증된 바 없다.

이에 본 연구에서 '코로나 19 확진자 수'가 '사회적 거리두기'를 매개로 하여 '배달음식건수'에 미치는 영향(H4-1) '코로나 19 확진자 수'가 '국민재난지원금'을 매개로 하여 '배달음식건수'에 미치는 영향(H4-2), , '코로나 19 확진자 수'가 '사회적 거리두기'와 '국민재난지원금'의 이중매개를 거쳐 '배달음식건수'에 미치는 영향(H4-3)을 검증하였다. 본 연구의 연구가설 검증결과는 <표 35>와 같다.

본 연구의 분석결과를 요약하면 다음과 같다. 음식종류 중에서 가장 많이 배달되는 것은 분식으로 나타났고<표 24>, 지역별로 보면 코로나 19 이전 보다 코로나 19 이후

'배달음식건수'가 급격히 증가하였으며<표 25>, 이는 음식종류별로도 '배달음식건수'가 급격히 증가한 것으로 나타났다<표 26>. '국민재난지원금'의 유무에 따라 '배달음식건수'도 2배 이상 급증한 것으로 나타났다 <표 27>.

다음으로 구조방정식의 정규성 검증 <표 28>과 연구모형의 적합성을 검증<표 29>한 결과, 연구모형보다는 대안모형 2가 더 적합한 것으로 확인되었다 <그림 6~8 참조>.

표 35. 연구가설(2)의 검증결과

	가설내용	검증결과
H4-1	**'코로나 19 확진자 수'는 '사회적 거리두기'를 매개로 하여 '배달음식 건수'에 영향을 미칠 것이다.**	채택
H4-2	**'코로나 19 확진자 수'는 '국민재난지원금'을 매개로 하여 '배달음식 건수'에 영향을 미칠 것이다.**	기각
H4-3	**'코로나 19 확진자 수'는 '사회적 거리두기'와 '국민재난지원금'을 이중매개로 하여 '배달음식건수'에 영향을 미칠 것이다.**	기각

연구가설(2)의 검증결과를 보면, 먼저 직접효과로 '코로나 19 확진자 수'는 '배달음식건수'에 직접효과가 없는 것으로 나타났고 반면에 '코로나 19 확진자 수'는 '국민재난지원금', '코로나 19 확진자 수'는 '사회적 거리두기'에 직접효과가 있는 것으로 나타났다. 따라서 '코로나 19 확진자 수'가 증가할수록 '사회적 거리두기' 단계가 올라가고 '국민재난지원금'도 더 많이 제공됨을 알 수 있으나, '코로나 19 확진자 수'가 늘어난다고 해서 '배달음식건수'가 직접적으로 증가하는 것은 아니라고 설명할 수 있다. 다음으로 매개효과를 보면, '코로나 19 확진자 수'는 '배달음식건수'에 영향을 미치는 것으로 나타나고 이를 매개하는 변수는 '사회적 거리두기'라고 할 수 있다 (H4-1). 즉 '코로나 19 확진자 수'는 '사회적 거리두기'를 매개로 하여 '배달음식건수'에 영향을 준다는 것이 확인되었다.

반면에 '국민재난지원금'은 '배달음식건수'에, 그리고 '코로나 19 확진자 수'가 '국민재난지원금'을 매개로 하여 '배달음식건수'(H4-2)에, '코로나 19 확진자 수'가 '사회적 거리두기'와 '국민재난지원금'을 이중매개로 하여 '배달음식건수'(H4-3)에 미치는 영향은 통계적으로 유의하지 않았다. 이러한 결과는 '코로나 19 확진자 수'가 증가하면 '사회적 거리두기'가 '배달음식건수'에 영향을 주지만, '코로나 19 확진자 수'가 증가하더라도 '국민재난지원금'이 '배달음식건수'의 증감에 영향을 준다고 볼 수 없다는 것이다. 이는 선행연구(Baker, et al., 2020; Karger & Rajan, 2020; Chetty, et al, 2020)와도 일부 일치하는 결과인데, '국민재난지원금'이 초기 그리고 저소득층에는 배달음식이나 식료품 구입 등의 증가에는 영향을 주지만, 후기 그리고 고소득층에는 초기와는 달리 저축 등 다른 용도로 사용될 가능성이 더 높다는 것을 시사한다. 반면에 '사회적 거리두기'는 '배달음식건수'의 증가에 명확하게 영향을 주는 요인이라는 것을 의미한다.

2절
연구의 시사점

본 연구는 다음과 같은 시사점을 갖는다. 첫째, 과거 콜레라(cholera), 스페인독감(Spanish flu), 그리고 WHO가 지정한 범유행 전염병으로 1968년 홍콩독감(Hong Kong flu, 인플루엔자A H3N2), 2009년 멕시코에서 시작된 신종플루(인플루엔자A H1N1) 그리고 현재 코로나 19(SARS-COV-2)와 같은 전염병은 미래에도 불시에 세계의 인류를 위협할 수 있다. 따라서 각 국에서는 범유행 전염병의 출현을 예방하고 퇴치하기 위하여 공동대응의 필요성이 매우 높아졌다고 할 것이다. 특히 대한민국의 경우에는 인구밀집도가 다른 국가들에 비하여 높은 도시들이 매우 많다는 점 때문에 범유행 전염병에 취약할 수 밖에 없다. 이런 점에서 코로나 19와 같은 범유행 전염병을 막기 위해서는 더욱 정책적으로 철저히 대비해야 한다.

둘째, 코로나 19에 대응한 98개국에 대하여 Lowy연구소의 평가를 보면(SBS, 2021.01.28.), 신속한 국경폐쇄 및 봉쇄조치로 코로나 19에 대응한 뉴질랜드가 1위이고 약 20만 명이 사망한 브라질이 최하위로 나타났다. 그 밖에 베트남 2위, 대만 3위, 그리고 대한민국은 20위를 하였다. 브라질 외에 멕시코, 콜롬비아, 이란, 미국 등이 하위권으로 나타났다. 따라서 대한민국은 상위권에 해당한다. 그렇지만, 코로나 19로 인한 음식업종을 비롯하여 소상공인/자영업자, 취약계층이 겪는 고통은 국가적으로 상당한 부담이 될 수밖에 없다. 이에 코로나 19에 잘 대응한 국가들의 모델을 참고하여 범유행 전염병 예방 및 대처의 효과를 거두고 특히, 범유행 전염병으로 국민이 받는 경제적, 사회적, 심리적, 문화적 부작용에 대하여 사전에 대비할 수 있는 메뉴얼의 개발과 시스템을 완비해야 할 필요성이 있다. 이번 연구의 결과를 보듯이 코로나 19 이후 음식업종 등의 자영업자나 소상공인, 취약계층이 겪는 고통에 대한 대비가 매우 중요하다는 것이 확인되었다는 점에서, '사회적 거리두기'와 더불어 경영지원 목적의 소상공인·자영업자에 대한 지원금 증액, 그리고 소비증진 목적의 국민(취약계층 포함)에 대한 지원금이 저축 등의 개인자산증가로 사용되기보다는 실질적으로 음식점 등 자영업자에 대한 소비에 집중적으로 사용될 수 있는 지원방법을 더욱 강화하고 새롭게 강구할 필요성도 있어 보인다. 예를 들면, '국민재난지원금'은 현금 지급이 아니라 지역화폐로 지급하여 지역 내 소상공인과 자영업자들의 매출을 증가시키는 정책을 강화할 필요가 있다.

셋째, 코로나 19 이후 '사회적 거리두기'에 따른 외부활동의 자제 등으로 인하여 가정식이 늘어나고 동시에 배달음식도 증가하게 되지만, 불규칙적인 식사 등으로 인하여 건강에 유해한 음식을 섭취하는 부작용들도 발생할 수 있다는 지적(Poelman, et al., 2021), 오히려 코로나 19로 인하여 덴마크 등 북유럽 국가들에서는 건강식을 선호하는 경향(CREA, 2020; DeBroff, 2020)도 나타났다. 다만, 이러한 결과들은 나라마다, 그리고 성별, 연령, 학력에 따라서도 차이가 있어서 일반화하기는 어렵다. 본 연구에서도 코로나 19 전후 국민의 식생활 변화가 부정적인 면도 감지되었는데, 이에 코로나 19 이후 대한민국 국민의 식생활 변화에 따른 건강상태에 대한 국가적 지원 및 심층적인 연구가 필요할 것으로 보인다. 예를 들면, 재난 후 트라우마 치료 센터를 제공하거나 금주 또는 금연 치료에 국가에서 지원하듯이 코로나 19로 인한 비대면시대의 신체 및 정신건강을 개선하기 위하여, 국가에서 건강생활 프로그램을 온라인으로 제공(홈 트레이닝 유튜브, 건강앱, 정신건강 화상상담 등)하고 참여하는 국민에게 인센티브를 제공하는 방법이 있을 수 있다.

넷째, 배달음식은 향후에도 국민의 주 식사방법으로 자리매김할 것으로 예상된다. 이는 코로나 19 이전부터 나타난 현상이고 코로나 19 감염병의 대유행으로 가속화된 면이 있는데, 중요한 것은 이에 따라 특히 폐업률이 매우 높은 음식업의 경영전략의 전반적 수정이 필요하다는 것이다. 배달음식은 향후 점점 더 전통적인 직접조리방식의 가정식을 대체할 것으로 보인다. 현재 배달음식은 주로 치킨, 한식, 분식, 패스트푸드 등이 선호되고 있으나, 본 연구에서도 확인되었듯이 음식선택 기준에서 가장 중요한 것은 '음식 맛'이지만, 감염병 등과 같은 재난위기 상황에서 국민은 건강과 가격 등도 중요한 선택요소로 생각한다는 점을 감안해야 한다. 이는 이탈리아 국민을 대상으로 한 연구에서 보듯이 건강식으로 지칭되는 '지중해식 식단을 가미한 가정식을 대체할만 한 배달음식 개발'에 집중하는 것이 향후 음식업종의 성공전략으로 성과가 있을 것으로 보인다.

다섯째, 배달음식을 선호하는 주요 고객은 1인 가구와 MZ세대(Millennials and Gen Z)들인 것으로 보고되고 있는데(오픈서베이, 2021), 이들은 식사시간도 3인 이상 다인 가구보다는 불규칙적이어서 모든 시간대에서 음식배달을 시키는 것으로 나타나며, 40대와 50대의 주 1회 이상 배달음식 섭취율이 약 60% 내외인 반면, 디지털 환경에 익숙한 20대와 30대의 주 1회 이상 배달음식을 섭취하는 비율이 약 72% 내외로 매우 높게 나타나고 있다. 국내의 가구 수별 배달음식앱에 대한 인식차이 연구(Cho, Bonn, Li, 2019)를 보면, 1인 가구의 경우 배달앱의 '다양한 음식 선택', '가격', '신뢰도'를 중시한 반면, 다가구에서는 '디자인', '편리함', '신뢰도'를 더 중시하는 것으로 나타났는데, 따라서 배달음식점들이 배달앱을 선택할 때도 지역권 내의 가구특성을 반영한 배달앱에 대한 신뢰도가 가장 중요한 요인이 된다. 특히 1인 가구와 MZ세대의 경우에는 음식량이 작고(예를 들어, 바나나, 양파, 채소의 낱개 판매) 완전조리된 식품(도시락 등)을 선호한다는 점을 감안할 필요가 있다(Jung, 2016). 이에 쉽게 만들어 먹을 수 있는 밀키트(easy-to-cook meal kits), 미리 요리된 음식들(pre-cooked meals)이 인기를 끌고 있으며(예시: Emart's 'Peacock', Homeplus's 'Single's Pride' and Lotte Mart's 'Yorihada'), 카페나 프렌차이즈점, 페스트푸드 업체들은 아침식사 대용으로 펜케이크, 머핀, 샌드위치와 같은 제품들을 배달로 제공하고 있는데 매달 20%의 성장률을 보인다. 이러한 음식선호 특성을 고려한다면 코로나 19 상황에서도 배달음식점은 더욱 성공적으로 경영될 것으로 보인다.

여섯째, 우리나라에서도 2021년 11월 1일을 기준으로 일상회복을 의미하는 위드코로나(With-Corono)에 접어들었다. 위드코로나를 조기에 실시했던 유럽 등에서는 코로나 19 확진자가 다시 급증하자, 지역이동제한, 비접종자 불이익 조치, '사회적 거리두기' 강화 등의 대응책을 다시 꺼내들었다. 특히 <표 36>을 보면, 싱가포르는 방문취식금지,

3인 이상 모임 금지, 백신 미접종자 코로나 19 확진 시 의료비 자부담, 백신접종자에 한해 직장출근 허용, 스마트폰 앱 통한 역학조사 활용 등의 강력한 조치를 병행하였다.

표 36. 각국 위드코로나 19 이후 코로나 재확산 대책

국 가	싱가포르	영국	덴마크	네덜란드	독일
위드코로나, 방역완화시점	6월	7월	9월	9월	8월
정 책	- 방문취식금지, 3인이상 모임금지(적용, 해제 반복) - 백신 미접종자 코로나확진 시 의료비자부담(다음달) - 백신접종자에 한해 직장출근 허용(내년 1월) - 스마트폰 앱 통한 역학조사 활용	- 자율적인 방역수칙 준수 강조 - 상황별 맞춤형 방역 계획 수립, 현재는 적용하지 않음	- 방역패스 재도입하기로 (11월 8일)	- 최소 3주이상 공공 모임 봉쇄(11월 13일)	- 기존에 마스크 실내착용 제도를 유지 - 백신 미접종자의 실내시설 출입금지 - 코로나 19 무료 검진 재도입을 추진
백신접종률 (아워 월드 인 데이터 기준)	86.25% (11일 기준)	67.42% (12일 기준)	76.14% (11일 기준)	73.2% (7일 기준)	66.91% (12일 기준)

출처 : 한겨레, 2021.11.16.

우리나라도 위드코로나를 시행한 이후 코로나 19 확진자 수가 급격히 증가하는 추세라는 점에 비추어 본다면, 코로나 19 이전의 완전한 일상생활 회복은 상당한 시간이 필요한 것으로 보인다. 따라서 위드코로나 상황에서도 배달음식업은 더욱 성행할 것으로 예측되며, 이는 결국 외식은 감소할 것이고 배달음식업은 증가할 것이다. 이에 위드코로나 상황에 맞는 외식업의 경영전략, 배달음식업의 경영전략도 함께 모색해볼 필요가 있다. 코로나 19는 국민의 생활영역 전반에 영향을 주는 강력한 요인이다. 특히 위드코로나 상황에서는 코로나 19 확진자 수가 더 급증할 것으로 예상하고 국민의 삶의 행동 패턴이 비대면 중심에서 크게 바뀌지 않으리라고 예상되므로 배달음식업의 경영에도 상당히 영향을 미치는 것으로 나타났다.

배달음식업의 경영전략으로 참고할만한 의미 있는 조사 중 하나인 신한카드(2020)의 국내외 외식 트랜드 조사를 보면, 코로나 19 이후에 전년 대비 외식업체 카드결제율이 관광상권 46.1%, 역세권 51.1% 감소했지만, 주거상권 내 음식점 결재는 24.6% 증가한 것으로 나타났다. 이는 곧 주거상권이 중요한 소비지로 부상하고 있음을 시사한다. 하지만 주거상권의 경우에 경쟁업체가 적정규모를 넘어서면 공멸의 위험성도 내포하고 있다. 따라서 제한된 주거상권 내의 경쟁이 되는 배달음식업체들의 적정 수를 파악하는 것이 창업이나 경영전략 수립 시 반드시 검토되어야 할 것이다. 특히 중년층과 2인 이상의 가구가 밀집한 지역(예를 들면, 서울의 경우 구로구, 노원구, 송파구 등)보다 MZ세대와 1인 가구 밀집한 지역(예를 들면, 서울의 경우 관악구, 광진구, 마포구 등)에서 배달음식을 더 선호한다는 점을 배달음식업의 경영전략에서 중요하게 다루어야 할 것이다. 즉 배달음식업의 창업에서는 1인 가구와 MZ세대가 밀집한 지역, 배달이 용이한 지역, 지역 내 유사업종의 수 등 생존 가능성이 높은 지역을 선정하는 것이 중요한 창업조건이 될 것이다.

3절

연구의 한계점

본 연구는 다음과 같은 한계점이 있다. 첫째, 이 연구에 사용된 데이터 및 설문조사는 전국이 아니라 인구밀집도가 높은 수도권에 한정되었다는 근본적인 한계가 있고 더불어 전국에서 생산되는 배달음식 데이터 수가 월간 수천만 건으로 추정되고 있어서, 이 연구표본의 수가 적다는 점에서 이러한 연구결과를 전체 배달음식업 및 전 국민의 식생활 소비변화에 일반화하기에는 한계가 있다. 예를 들면, 수도권과 달리 지방의 농어촌 지역에 대한 고려가 없다는 한계 등이다.

둘째, 이 연구는 각국에서 수행한 다양한 코로나 19 대응책 중에서 '사회적 거리두기'와 '국민재난지원금'을 중심으로 살펴본 한계가 있는데, 추후연구에서는 학교/직장 폐쇄 권고, 마스크사용 권고 등의 대응책들도 함께 고려한 연구가 필요하다.

셋째, 코로나 19로 인하여 국민의 식생활 패턴의 변화가 감지된다. 이는 국내뿐만 아니라 전 세계적으로 영향을 미치고 있다는 점에서 음식업의 경영변화도 필요해 보인다. 그러나 이 연구에서는 식생활의 변화에 따른 음식업의 경영전략에 대하여 구체적으로 살펴보지는 못했다. 더불어 음식선택기준도 변화하고 있다는 것은 '건강과 가격을 고려한 맛있는 간편식 배달음식의 개발'이 요구된다는 점에서 우리나라 국민이 생각하는 건강식의 정의, 국민이 선호하는 간편식 음식 종류, 가격대비 가성비 높은 음식 등에 대한 개발과 심층적인 연구도 필요하다고 보인다.

참고문헌

국내문헌

강윤경 (2020). 코로나 19로 배달 폭증, 몸값 치솟는 라이더, 연합뉴스 동북아센터, 마이더스 10호, 86~87.

김경란 (2020). 코로나 19와 브라질 플랫폼 배달노동, 한국노동연구원, 국제노동브리프 9, 65~76.

김민아 (2018). "방사능 위험에 대한 인지가 수산물 가격 및 소비에 미치는 영향 분석." 국내박사학위논문 서울대학교 대학원.

김승현·이정은 외 (2020), 주요국별 코로나 19 대응 및 조치, 대외경제정책연구원, 세계경제포커스 3(8), 1~12.

박성욱 (2020). 주요국의 코로나 위기 대응 경제정책의 특징 및 시사점, 한국금융연구원, 7, 1~29.

배규식 (2020). 코로나 19로 늘어난 택배와 배달노동, 한국교통연구원, 월간교통, 2~4.

배영임·신혜리 (2020), 코로나 19, 언택트 사회를 가속화하다, 경기연구원 이슈&진단, 1~26.

배재용 (2021). 미국 바이든 행정부의 코로나 19 대응 국가 전략, 한국보건사회연구원, 보건복지 398, 1~16.

서용희 (2020). 코로나 19에 따른 외식산업 변화 양태 및 대응방안, 한국외식산업연구원 정기연구보고서 제 2001-3호, 1~30.

안성희 (2016). "민간소비 이상징후에 대한 속보성 탐지모형 구축." 국내석사학위논문 연세대학교 정보대학원.

유순근 (2018). 「행동변화이론과 실제」, 박영사

이규성 (2020). “코로나 19 출현에 따른 외식업체 생존전략 분석 –한식업을 중심으로 -.” 국내석사학위논문 한성대학교 지식서비스&컨설팅대학원.

이동훈, 김지윤, 강현숙 (2016). “메르스(MERS) 감염에 대해 일반대중이 경험한 두려움과 정서적 디스트레스에 관한 탐색적 연구.” 한국심리학회지, 35(2): 355-383.

이석민·장선미 (2021). 미국 연방정부의 코로나 19 백신 및 방역 관련 법제적 대응 분석 및 시사점, 동국대학교 비교법연구 21(1), 215~263.

이영주·김기진 (2021). Post-코로나의 식사행동변화에 관한 탐색적 연구:음식점 방문행동, 가정식사행동, 배달음식구매행동을 중심으로, 한국조리학회, Culinary Science & Hospitality Research 27(1), 133~142.

이정민·김동준·이승일 (2021). 상업시설 업종별 밀도가 음식점 폐업에 미치는 영향 분석, 국토계획 561.

정원우 (2021). “코로나 19 상황에서 심리적 및 사회적 요인이 식생활 변화에 미친 영향.” 국내석사학위논문 중앙대학교 교육대학원.

정혜선 (2011). “여성소비자의 식생활 라이프스타일에 따른 HMR(Homemeal replacement)의 구매행동에 관한 연구.” 국내석사학위논문 중앙대학교 의약식품대학원.

국외문헌

Abdollahi E, Haworth-Brockman M, Keynan Y, Langley JM, Moghadas SM. (2020). Simulating the effectof school closure during COVID-19 outbreaks in Ontario, Canada. BMC Med. 18. https://doi.org/10.1186/s12916–020- 01705-8 PMID: 32709232

Abiad, A., Arao, R. M., & Dagli, S. (2020). The economic impact of the COVID-19 outbreak on developing Asia.

Aday, S., & Aday, M. S. (2020). Impact of COVID-19 on the food supply chain. Food Quality and Safety, 4(4), 167-180.

Alhusseni, N., & Alqahtani, A. (2020). COVID-19 pandemic's impact on eating habits in Saudi Arabia. Journal of public health research, 9(3).

Ammar, A., Brach, M., Trabelsi, K., Chtourou, H., Boukhris, O., Masmoudi, L., Bouaziz, B., Bentlage, E., How, D., Ahmed, M., et al. (2020). Effects of COVID-19 Home Confinement on Eating Behaviour and Physical Activity: Results of the ECLB-COVID19 International Online Survey. Nutrients, 12, 1583.

Angelidi, A. M., Kokkinos, A., Katechaki, E., Ros, E., & Mantzoros, C. S. (2021). Mediterranean diet as a nutritional approach for COVID-19. Metabolism-Clinical and Experimental, 114.

Armitage, C. J., Keyworth, C., Leather, J. Z., Byrne-Davis, L., & Epton, T. (2021). Identifying targets for interventions to support public adherence to government instructions to reduce transmission of SARS-CoV-2. BMC Public Health, 21(1), 1-6.

Auger, K. A., Shah, S. S., Richardson, T., Hartley, D., et al. (2020). Association between statewide school closure and COVID-19 incidence and mortality in the US. *Jama*, *324*(9), 859-870.

Baker, S. R., Farrokhnia, R. A., Meyer, S., Pagel, M., & Yannelis, C. (2020). How does household spending respond to an epidemic? Consumption during the 2020 COVID-19 pandemic. The Review of Asset Pricing Studies, 10(4), 834-862.

Bäuerle, Teufel, Musche, Weismüller, Kohler, Hetkamp, et al. (2020), Increased Generalized Anxiety, Depression and Distress during the

COVID-19 Pandemic: A Cross-Sectional Study in Germany. J. Public, Health. (Oxf), 42, 672~678.

Becker, Thomas E. (2005). "Potential problems in the statistical control of variables in organizational research: A qualitative analysis with recommendations," *Organizational Research Methods,* 8 (3), 274-89.

Ben Hassen, T., El Bilali, H., & Allahyari, M. S. (2020). Impact of COVID-19 on food behavior and consumption in Qatar. Sustainability, 12(17), 6973.

Betsch C, Korn L, Sprengholz P, Felgendreff L, Eitze S, Schmid P, et al. (2020). Social and behavioral conse- quences of mask policies during the COVID-19 pandemic. Proc Natl Acad Sci U S A. 117: 21851~21853. https://doi.org/10.1073/pnas.2011674117 PMID: 3282007

Brauner JM, Mindermann S, Sharma M, Johnston D, Salvatier J, Gavenčiak T, et al. (2021). Inferring the efectiveness of government interventions against COVID-19. Science. https://doi.org/10.1126/science.abd9338.

Brooks, S.K., Webster, R.K., Smith, L.E., Woodland, L., Wessely, S., Greenberg, N., Rubin, G.J. (2020). The psychological impact of quarantine and how to reduce it: Rapid review of the evidence. Lancet, 395, 912–920.

BrooksSK,WebsterRK,SmithLE,WoodlandL,WesselyS,GreenbergN, et al. (2020). The psychological impact of quarantine and how to reduce it: rapid review of the evidence. Lancet. 395:912–20.

Chetty, R., Friedman, J. N., Hendren, N., Stepner, M., & The Opportunity Insights Team. (2020). *How did COVID-19 and stabilization policies affect spending and employment? A new real-time economic tracker based on private sector data* (pp. 1-109). Cambridge, MA: National Bureau of Economic Research.

Cho, M., Bonn, M. A., & Li, J. J. (2019). Differences in perceptions about food delivery apps between single-person and multi-person households. International Journal of Hospitality Management, 77, 108-116.

CREA (The Council for Agricultural Research and Economics). (2020). How did italian eating habits change during lockdown? [Online]. https://www. foodnavigator.com/Article/2020/06/05/Coronavirus-lockdown-found- toworsen-childhood-obesity. Accessed on Jun. 12, 2020.

Crew, M. (2020). Literature Review on the Impact of COVID-19 on Families, and Implications for the Home Learning Environment. A National Literacy Trust Research Report. National Literacy Trust.

DeBroff, S. (2020). How COVID-19 Has Impacted Consumer Food Habits [On- line].https://www.foodmanufacturing.com/consumer-trends/blog/21133823/ how-covid19-has-impacted-consumer-food-habits. Accessed on May 22, 2020.

Devine CM. (2005). A life course perspective: understanding food choices in time, social location, and history. J Nutr Educ Behav. 37:121–8. doi: 10.1016/S1499-4046(06)60266-2

Di Renzo, L., Gualtieri, P., Pivari, F., Soldati, L., Attinà, A., Cinelli, G., ... & De Lorenzo, A. (2020). Eating habits and lifestyle changes during COVID-19 lockdown: an Italian survey. Journal of translational medicine, 18, 1-15.

Elmer, T., Mepham, K., & Stadtfeld, C. (2020). Students under lockdown:

Comparisons of students' social networks and mental health before and during the COVID-19 crisis in Switzerland. Plos one, 15(7), e0236337.

Flaxman, S., Mishra, S., Gandy, A. et al. (2020). Estimating the effects of non-pharmaceutical interventions on COVID-19 in Europe. Nature 584, 257~261. https://doi.org/10.1038/s41586-020-2405-7

Food, I. M. D. E. A. (2020). Lifestyle modification of adolescents from different countries during confinement by Covid-19

Google Trends. (2020). U.S., March 1, 2020–March 24.

Gostic K, Gomez A, Mummah R, Kucharski A, Lloyd-Smith J. (2020). Estimated effectiveness of symptom and risk screening to prevent the spreadof COVID-19. Elife. 9. https://doi.org/10.7554/eLife.55570 PMID: 32091395

Hailu, G. (2020). Economic thoughts on COVID-19 for Canadian food processors. Canadian Journal of Agricultural Economics/Revue canadienne d'agroeconomie, 68(2), 163-169.

Haug, N., Geyrhofer, L., Londei, A., Dervic, E., Desvars-Larrive, A., Loreto, V., ... & Klimek, P. (2020). Ranking the effectiveness of worldwide COVID-19 government interventions. *Nature human behaviour*, *4*(12), 1303-1312.

Hobbs, J. E. (2020). Food supply chains during the COVID-19 pandemic. Canadian Journal of Agricultural Economics/Revue canadienne d'agroeconomie, 68(2), 171-176.

Hsiang S, Allen D, Annan-Phan S, Bell K, Bolliger I, Chong T, et al. (2020). The effect of large-scale anti-contagion policies on the COVID-19 pandemic. Nature. 584(7820), 262~267. https:// doi.org/10.1038/s41586-020- 2404-8.

Janssen, M., Chang, B. P., Hristov, H., Pravst, I., Profeta, A., & Millard, J. (2021). Changes in food consumption during the COVID-19 pandemic: analysis of consumer survey data from the first lockdown period in Denmark, Germany, and Slovenia. Frontiers in nutrition, 8, 60.

Jeong, C. U., Moon, Y. J., & Hwang, Y. H. (2021). Analysis for Daily Food Delivery & Consumption Trends in the Post-Covid-19 Era through Big Data. Journal of the Korea Society of Computer and Information, 26(1), 231-238.

Jeżewska-Zychowicz, M., Plichta, M., & Królak, M. (2020). Consumers' fears regarding food availability and purchasing behaviors during the COVID-19 pandemic: The importance of trust and perceived stress. *Nutrients, 12*(9), 2852.

Jung, F. (2016). Single-Person Households Drive Changing Consumption Patterns.

Karger, E., & Rajan, A. (2020). Heterogeneity in the marginal propensity to consume: evidence from Covid-19 stimulus payments.

Karpman, M., & Acs, G. (2020). Unemployment insurance and economic impact payments associated with reduced hardship following CARES Act. *Washington, DC: Urban Institute*

Kerlinger, Fred Nichols & Howard Bing Lee. (1973). "Foundations of behavioral research."

Koo, J. R., Cook, A. R., Park, M., Sun, Y., Sun, H., Lim, J. T., ... & Dickens, B. L. (2020). Interventions to mitigate early spread of SARS-CoV-2 in

Singapore: a modelling study. The Lancet Infectious Diseases, 20(6), 678-688.

Kundu, S., Al Banna, M. H., Sayeed, A., Sultana, M. S., Brazendale, K., Harris, J., ... & Khan, M. S. I. (2021). Determinants of household food security and dietary diversity during the COVID-19 pandemic in Bangladesh. Public Health Nutrition, 24(5), 1079-1087.

Laato, S., Islam, A. N., Farooq, A., & Dhir, A. (2020). Unusual purchasing behavior during the early stages of the COVID-19 pandemic: The stimulus-organism-response approach. Journal of Retailing and Consumer Services, 57, 102224.

Laguna, L., Fiszman, S., Puerta, P., Chaya, C., & Tárrega, A. (2020). The impact of COVID-19 lockdown on food priorities. Results from a preliminary study using social media and an online survey with Spanish consumers. Food quality and preference, 86, 104028.

Lee, S., & Choi, S. H. (2020). Analysis of the impact of COVID-19 on local market areas using credit card big data: A case of Suwon. Space Environ, 30, 167-208.

Liu, Y., Morgenstern, C., Kelly, J., Lowe, R., & Jit, M. (2021). The impact of non-pharmaceutical interventions on SARS-CoV-2 transmission across 130 countries and territories. *BMC medicine*, *19*(1), 1-12.

Lyu W, Wehby GL. (2020). Shelter-in-place orders reduced COVID-19 mortality and reduced the rate of growth in hospitalizations. Health Aff. 39(9), 1615-23. https://doi.org/10.1377/hltha ff.2020.00719586-020-2404-8.

Lupton, D. (2021). Self-tracking (pp. 187-198). Columbia University Press.

Martin, A., Markhvida, M., Hallegatte, S., & Walsh, B. (2020). Socio-economic impacts of COVI D 19 on household consumption and poverty. Economics of disasters and climate ch ange, 4(3), 453~479.

Martin-Neuninger, R., & Ruby, M. B. (2020). What does food retail research tell us about the implications of Coronavirus (COVID-19) for grocery purchasing habits?. Frontiers in Psychology, 11, 1448.

Mayasari, N. R., Ho, D. K. N., Lundy, D. J., Skalny, A. V., Tinkov, A. A., Teng, I., ... & Chang, J. S. (2020). Impacts of the COVID-19 pandemic on food security and diet-related lifestyle behaviors: An analytical study of google trends-based query volumes. Nutrients, 12(10), 3103.

McKibbin, W., & Fernando, R. (2020). The economic impact of COVID-19. Economics in the Time of COVID-19, 45(10.1162).

Moyeenudin, H. M., Anandan, R., & Bindu, G. (2020). A Research on Cloud Kitchen Prerequisites and Branding Strategies. *International Journal of Innovative Technology and Exploring Engineering (IJITEE), 9*(3), 983-987.

Nearchou, F., Flinn, C., Niland, R., Subramaniam, S. S., & Hennessy, E. (2020). Exploring the impact of COVID-19 on mental health outcomes in children and adolescents: A systematic review, International of Environmental Research and Public Health, 17(22), 84&9.

Nicola, M., Alsafi, Z., Sohrabi, C., Kerwan, A., Al-Jabir, A., Iosifidis, C., ... & Agha, R. (2020). The socio-economic implications of the coronavirus pandemic (COVID-19): A review. International journal of surgery, 78, 185-193.

OECD. (2020). "Evaluating the Initial Impact of COVID-19 Containment

Measures on Economic Activity", Tackling Coronavirus Series, OECD Publishing, Paris.

Oran, Daniel P., Topol, Eric J. (2021). "The Proportion of SARS-CoV-2 Infections That Are Asymptomatic". <Annals of Internal Medicine>. doi:10.7326/M20-6976.

Ozil, P. K., & Arun, T. (2020). Spillover of COVID-19: impact on the Global Economy. *Available at SSRN 3562570.*

Pantano, E., Pizzi, G., Scarpi, D., & Dennis, C. (2020). Competing during a pandemic? Retailers' ups and downs during the COVID-19 outbreak. *Journal of Business Research, 116*, 209-213.

Poelman, M. P., Gillebaart, M., Schlinkert, C., Dijkstra, S. C., Derksen, E., Mensink, F., Hermans, R. C.J., Aardening, P., Ridder, D., & de Vet, E. (2021). Eating behavior and food purchases during the COVID-19 lockdown: A cross-sectional study among adults in the Netherlands. Appetite, 157, 105002.

Pozo-Martin, F., Weishaar, H., Cristea, F., Hanefeld, J., Bahr, T., Schaade, L., & El Bcheraoui, C. (2021). The impact of non-pharmaceutical interventions on COVID-19 epidemic growth in the 37 OECD member states. European journal of epidemiology, 1~12.

Rodríguez-Pérez, C., Molina-Montes, E., Verardo, V., Artacho, R., García-Villanova, B., Guerra-Hernández, E.J.; Ruíz-López, M.D. (2020). Changes in dietary behaviours during the COVID-19 outbreak confinement in the Spanish COVIDiet study. J. Nutr, 12, 1730.

Rossi, R., Socci, V., Talevi, D., Mensi, S., Niolu, C., Pacitti, F., Marco, A. D., Rossi, A., Siracusano, A. & Di Lorenzo, G. (2020). COVID-19 pandemic and lockdown measures impact on mental health among the general population in Italy. Frontiers in psychiatry, 11, 790.

Saki, M., Ghanbari, M. K., Behzadifar, M., et al., (2021). The Impact of the Social Distancing Policy on COVID-19 Incidence Cases and Deaths in Iran from February 2020 to January 2021: Insights from an Interrupted Time Series Analysis. The Yale journal of biology and medicine, 94(1), 13-21.

Sangho Lee and Seokhwan Choi. (2020). "Analysis of the Impact of Covid-19 Occurrence on Regional Commercial Area Using Credit Card Big Data — Focusing on Suwon City's Case)", Space and Society, Vol. 30, No. 3, pp. 167-208.

Shigemura J, Ursano RJ, Morganstein JC, Kurosawa M, Benedek DM. (2020). Public responses to the novel 2019 coronavirus (2019-nCoV) in Japan: mental health consequences and target populations. Psychiatry Clin Neu- rosci. [Epub ahead of print].

Schumacker, R. E., & Lomax, R. G. (1996). A guide to structural equations modeling. Hillsdale, NJ: Erl-baum.

Sidor, A., Rzymski, P. (2020). Dietary choices and habits during COVID-19 lockdown: Experience from Poland. J. Nutr, 12, 1657.

Shrout, P. E., & Bolger, N. (2002). Mediation in experimental and nonexperimental studies: new procedures and recommendations. Psychological methods, 7(4), 422.

Spector, Paul E, Dieter Zapf, Peter Y Chen, and Michael Frese. (2000). "Why negative affectivity should not be controlled in job stress research: Don't throw out the baby with the bath water," *Journal of*

Organizational Behavior, 21(1), 79-95.

Spinelli, M., Lionetti, F., Setti, A., & Fasolo, M. (2020). Parenting Stress During the COVID-19 Outbreak: Socioeconomic and Environmental Risk Factors and Implications for Children Emotion Regulation. Family process.

Sweet, J. (2020). "States where restaurants have been hit the hardest by COVID-19", Stacker, available at: https://thestacker.com/stories/4155/states –where-restaurants-have-been-hit-hardest-covid-19

Talevi, D., Socci, V., Carai, M., Carnaghi, G., Faleri, S., Trebbi, E., ... & Pacitti, F. (2020). Mental health outcomes of the CoViD-19 pandemic. Rivista di psichiatria, 55(3), 137-144.

Taquet, M., Luciano, S., Geddes, J. R, Harrison, P. J. (2020). "Bidirectional associations between COVID-19 and psychiatric disorder: retrospective cohort studies of 62 354 COVID-19 cases in the USA". <The Lancet Psychiatry>. doi:10.1016/S2215-0366(20)30462-4.

Taylor, S. (2019). The Psychology of Preparing for the Next Global Outbreak of Infectious Disease, Cambridge Scholars Publishing.

Teslya, A. et al. (2020). Impact of self-imposed prevention measures and short-term government intervention on mitigating and delaying a COVID-19 epidemic. PLoS Med. https://doi.org/10.1371/journal.pmed.1003166.

Usher, K., Durkin, J., & Bhullar, N. (2020). The COVID-19 pandemic and mental health impacts. International Journal of Mental Health Nursing, 29(3), 315.

Viner RM, Russell SJ, Croker H, Packer J, Ward J,Stansfield C, et al. (2020). School closure and management practices during coronavirusoutbreaks including COVID-19: a rapid systematic review. The Lancet Child andAdolescent Health. Elsevier B.V., 397~404. https://doi.org/10.1016/S2352- 4642 (20)30095-X PMID: 32272089

Wang, C., Pan, R., Wan, X., Tan, Y., Xu, L., Ho, R. C. (2020). Immediate psychological responses and associated factors during the initial stage of the 2019 coronnavirus disease(COVID-19) epidemic among the general population in Chana. International Journal of Environmental Research and Public Health, 17(5), 1729.

West, S. G., Finch, J. F., & Curran, P. J. (1995). Structural equation models with nonnormal variables: Problems and remedies.

Wibbens, P. D., Koo, W. W. Y., & McGahan, A. M. (2020). Which COVID policies are most effective? A Bayesian analysis of COVID-19 by jurisdiction. PloS one, 15(12), e0244177.

Yang, Y., Liu, H., & Chen, X. (2020). COVID-19 and restaurant demand: early effects of the pandemic and stay-at-home orders. *International Journal of Contemporary Hospitality Management*.

Yau, Y.H.C., Potenza, M.N. (2013). Stress and eating behaviors. Minerva Endocrinol. 38, 255–267.

기타문헌

통계청 (2021), 서비스업동향조사(2015-2020)

오픈서베이 (2021), 배달 서비스 트렌드 리포트

신한카드 (2021), 국내외 외식 트랜드 조사

新浪科技(2020.9.11),「美團餓了麼市場份額超9成 外賣市場已形成雙巨頭格局」,

https://tech.sina.com.cn/roll/2020-09-11/doc-iivhvpwy6195787.shtml(최종검색일: 2021.10.05.)

http://koreabizwire.com/single-person-households-drive-changingconsumption-patterns/51931.

http://ncov.mohw.go.kr/shBoardView.do?brdId=5&brdGubun=51&ncvContSeq=1019(코로나 19대응 실업급여 민원간소화)

http://ncov.mohw.go.kr/shBoardView.do?brdId=5&brdGubun=51&ncvContSeq=1655(긴급재난지원자금 지급, 사회보험료, 전기요금 부담완화)

http://ncov.mohw.go.kr/shBoardView.do?brdId=5&brdGubun=51&ncvContSeq=1736(딱풀이 '가족돌봄휴가 지원금')

http://ncov.mohw.go.kr/shBoardView.do?brdId=5&brdGubun=51&ncvContSeq=2146(코로나 19로 어려움을 겪는 대한민국 모든 국민에게 긴급재난지원금을 제공합니다)

http://ncov.mohw.go.kr/shBoardView.do?brdId=5&brdGubun=51&ncvContSeq=607(여성가족부, 아이돌봄서비스 신속 연계)

http://ncov.mohw.go.kr/shBoardView.do?brdId=5&brdGubun=53&ncvContSeq=443(기획재정부, 코로나 19 피해 세정지원 신청 안내)

http://ncov.mohw.go.kr/shBoardView.do?brdId=5&brdGubun=53&ncvContSeq=620(농림축산식품부, 외식업 긴급 지원방안)

http://www.mohw.go.kr/react/al/sal0301vw.jsp?PAR_MENU_ID=04&MENU_ID=0403&CONT_SEQ=366125(보건복지부, '사회적 거리두기' 체계 개편(안) 공개, 2021.06.21.보도)

https://chs.kdca.go.kr/chs/stats/statsMain.do(질병관리청 2020지역건강통계 한눈에 보기)

https://fortune.com/2020/11/09/mcdonalds-covid-growth-strategy-chicken-sandwich-loyality-program-drive-thru/

https://imnews.imbc.com/replay/2021/nw930/article/6178804_34929.html(MBC, 美 백신접종후 마스크·거리두기 불필요, 2021.05.14.기사)

https://joyvancouver.com(팬데믹 중 캐나다 이민자의 삶, 두가지 측면에서 어려웠다)

https://ko.wikipedia.org/wiki/Go_To_%EC%BA%A0%ED%8E%98%EC%9D%B8(GO TO 캠페인)

https://moneys.mt.co.kr/news/mwView.php?no=2021100409128048620(머니투데이, 배달증가로 오토바이 교통사고 '껑충', 2021.10.04.기사)

https://n.news.naver.com/article/001/0011543077?sid=104(연합뉴스, 이스라엘 외출시 마스크 착용 의무화 시행, 2020.04.12.기사)

https://n.news.naver.com/article/001/0011769432?sid=104(연합뉴스, 미 100% 온라인 수강하는 신입 유학생 입국금지, 2020.07.25.기사)

https://n.news.naver.com/article/001/0012250252?sid=104(연합뉴스,바이든 경기부양수표에 이름 안 적어...'내 덕분' 트럼프와 차별화, 2021.03.10.기사)

https://news.kotra.or.kr/user/globalAllBbs/kotranews/album/781/globalBbsDataAllView.do?dataIdx=188673&column=&search=&searchAreaCd=&searchNationCd=&searchTradeCd=&searchStartDate=&searchEndDate=&searchCategoryIdxs=&searchIndustryCateIdx=&searchItemName=&searchItemCode=&page=32&row=10

https://news.naver.com/main/read.naver?mode=LS2D&mid=shm&sid1=104&si

d2=231&oid=028&aid=0002527707(한겨레, 일본, 수도권 긴급사태 선언...음식점 밤 8시까지 영업, 2021.01.07.기사)

https://news.naver.com/main/read.naver?mode=LS2D&mid=shm&sid1=104&sid2=232&oid=023&aid=0003608303(조선일보, 美 대학 수업들으려면 백신맞고 오세요, 2021.04.16.기사)

https://news.naver.com/main/read.naver?mode=LS2D&mid=shm&sid1=104&sid2=234&oid=421&aid=0004676008(뉴스1, 이스라엘 등교 후 코로나 급증하자 다시 학교 휴업, 2020.06.04.기사)

https://news.naver.com/main/read.naver?mode=LSD%E2%88%A3=sec&sid1=104&oid=421&aid=0004473958(뉴스1, 美CDC, '코로나 사망' 일본·홍콩에 1단계 여행경보, 2020.02.20.기사)

https://news.naver.com/main/read.naver?mode=LSD&mid=sec&sid1=001&oid=081&aid=0003079355(서울신문, 아베 "가구당 천마스크 2개"… 日 국민 비판 봇물, 2020.04.02.기사)

https://news.naver.com/main/read.naver?mode=LSD&mid=sec&sid1=100&oid=025&aid=0002979168(중앙일보, 美, 입국 제한은 안했지만... 한국 여행경보 3단계로 격상, 2020.02.27.기사)

https://news.sbs.co.kr/news/endPage.do?news_id=N1006052407&plink=ORI&cooper=NAVER(SBS, 거리두기 5단계로, 2020.11.01.방송)

https://news.v.daum.net/v/20210107103837564(연합뉴스, 일본 코로나 또 긴급사태.. '록다운'없고 '자숙'중심, 2021.01.07.기사)

https://news.v.daum.net/v/20210416065553819(중앙일보, 극과 극, 한국 VS 미국 학교 코로나 거리두기, 2021.04.16.기사)

https://terms.naver.com/entry.naver?docId=5926931&cid=43667&categoryId=43

667(NAVER지식백과, 공적 마스크 제도, 2021.09.20.검색)

https://travel.state.gov/content/travel/en/traveladvisories/COVID-19-Country-Specific-Information.html(미국정부, 미국민을 위한 코로나 19 여행가이드, 2021.05.28.기사)

https://www.adjust.com/blog/food-delivery-apps-thrive-following-covid-growth/

https://www.bbc.com/news/world-asia-china-51466362(BBC, 코로나 바이러스는 코로나 19로 명명되다, 2020.02.10.방송)

https://www.bloomberg.com/news/articles/2020-01-31/the-coronavirus-is-more-dangerous-for-the-economy-than-sars

https://www.bloomberg.com/news/articles/2020-01-31/the-coronavirus-is-more-dangerous-for-the-economy-than-sars(bloomberg, 코로나바이러스는 사스보다 더 세계경제에 미치는 영향이 더 위험하다, 2021.01.31.기사)

https://www.bok.or.kr/portal/bbs/P0002229/view.do?nttId=10058106&menuNo=200084(한국은행, 일본의 코로나 19 긴급경제대책 주요내용, 동경사무소)

https://www.cnbc.com/2018/07/11/slice-app-gives-local-pizzerias-a-bigger-piece-of-the-market.html

https://www.deliverect.com/us/blog/online-food-delivery/what-food-delivery-in-the-post-coronavirus-era-will-look-like

https://www.familynet.or.kr/web/lay1/bbs/S1T299C302/A/1/view.do?article_seq=49261&cpage=7&rows=10&condition=&keyword=(한국건강가정진흥원, 코로나 19관련 안전하고 신속한 아동돌봄서비스 연계, 2020.02.26.보도)

https://www.federalregister.gov/documents/2021/01/26/2021-01865/a-sustainable-public-health-supply-chain(Executive Office of the President.

(2021, January). A Sustainable Public Health Supply Chain. United States Office of the Federal Register. Accessed February 19, 2021.)

https://www.hankookilbo.com/News/Read/A2021080409230000545?did=NA(한국일보, "가장 먼저 마스크 벗었던 이스라엘... 델타 변이에 착용 의무 복원", 2021.08.04.기사)

https://www.joongang.co.kr/article/24061321#home (중앙일보, 소비가 미덕인 미국인 반전 "재난지원금 대부분 빚갚고 저축", 2021.05.19.기사)

https://www.livemint.com/news/business-of-life/swiggy-s-cloud-kitchen-model-is-set-to-transform-dining-11601824832719.html /

https://www.mckinsey.com/industries/technology-media-and-telecommunications/our-insights/ordering-in-the-rapid-evolution-of-food-delivery)

https://namu.wiki/w/코로나바이러스감염증-19/국가별 대응

https://www.pmq.com/the-2018-pizza-power-report-a-state-of-the-industry-analysis

https://www.sbs.com.au/language/korean/australia-among-top-10-countries-ranked-for-pandemic-response-nz-tops-list(로이연구소 "코로나 19 가장 잘 대처한 나라는 뉴질랜드… 호주 8위)

https://www.seattletimes.com/education-lab/inslee-announces-all-washington-k-12-schools-to-close-in-an-effort-to-slow-the-spread-of-coronavirus(The Seattle Times, 워싱턴 전역에서 코로나바이러스, K-12 학교폐쇄, 250명 모임금지 확대, 2020.03.13.기사)

https://www.statista.com/statistics/1153843/south-korea-food-delivery-apps-usage-post-covid-19/ :

https://www.yna.co.kr/view/AKR20200628043400530?input=1195m(연합뉴스, 정부 '사회적 거리두기' 3단계 구분, 2020.06.28.기사)

https://www.yna.co.kr/view/AKR20210104145800030(연합뉴스,코로나 19로 배달시장 고성장, 2021.01.05.기사)

https://www.yna.co.kr/view/AKR20211015053851530?input=1195m(연합뉴스,마지막 거리두기, 2021.10.15.기사)

정부의 코로나 19 대응 정책 분석

발행일 2025년 2월17일 초판 1쇄
지은이 장석진, 박정민
발행인 송자영
발행처 초아출판사

주소 서울시 성북구 정릉로 36길 41
전화 070-8739-0036
팩스 0504-178-5627
E-mail choapublish@hanmail.net

ISBN 979-11-88425-37-2
정가 20,000원